| 光明社科文库 |

法治、法律文化和法律语言
研究的理论与实践

莫　敏◎著

光明日报出版社

图书在版编目（CIP）数据

法治、法律文化和法律语言研究的理论与实践 ／ 莫

敏著 . -- 北京：光明日报出版社，2023.8

ISBN 978 - 7 - 5194 - 7406 - 5

Ⅰ . ①法… Ⅱ . ①莫… Ⅲ . ①法治—文化研究—中国

②法律—文化研究—中国③法律语言学—研究 Ⅳ .

①D929②D90-055

中国国家版本馆 CIP 数据核字（2023）第 155588 号

法治、法律文化和法律语言研究的理论与实践

FAZHI FALV WENHUA HE FALV YUYAN YANJIU DE LILUN YU SHIJIAN

著　者：莫　敏	
责任编辑：舒　心	责任校对：曲建文　张慧芳
封面设计：中联华文	责任印制：曹　净

出版发行：光明日报出版社

地　　址：北京市西城区永安路 106 号，100050

电　　话：010 - 63169890（咨询），010 - 63131930（邮购）

传　　真：010 - 63131930

网　　址：http：//book. gmw. cn

E - mail：gmrbcbs@ gmw. cn

法律顾问：北京市兰台律师事务所龚柳方律师

印　　刷：三河市华东印刷有限公司

装　　订：三河市华东印刷有限公司

本书如有破损、缺页、装订错误，请与本社联系调换，电话：010-63131930

开　　本：170mm×240mm

字　　数：229 千字　　　　　印　　张：13

版　　次：2023 年 8 月第 1 版　　印　　次：2023 年 8 月第 1 次印刷

书　　号：ISBN 978 - 7 - 5194 - 7406 - 5

定　　价：85.00 元

序

　　法治是世界政治、经济一体化过程中的重要组成部分，也是社会主义现代化建设的重要基石，更是中华民族伟大复兴的关键性因素。因此，建构一种适应当代法理体系，并与法治实践完美结合，以应对西方大国对我国施法体系及人权问题的无端指责，制止西方国家以新冷战思维破坏国际政治经济秩序的平衡，确保社会主义法制体系对人的价值、意义的保障，进而展现中国法制理论对世界的引领作用，是每一个法律理论工作者与实践者关注与探索的重要问题。

　　法治理论体系的建构与法本体探索，表现出作者明晰的问题意识。作者首先揭示法治的必然、实然与应然的相互关系，法治与法律权威、法治信仰一体化，揭出德治的社会需要、法治的社会应然的辩证关系，力求法治和德治的现实统一。这种从物质权力结构到意义、价值原则的彰显，表现了法学理论从行为体的总和到国家、世界的政治结构与政治结果的整体思考。

　　相对于过去法治理论的形而上学的虚泛与法学理论相对琐细的特点，如何使法律思想、原则与当代法治实践相一致，考验着每一位法学理论工作者。而将法学理论拓展到广阔的文化背景之中，来充实、提升法学理论，呈现法学理论的新视野，推动法学理论实践品格的升华，这是当今法学理论界的一个共识。法学理论汲取各种文化的优秀传统，综合政治学、经济学、社会学、人类学乃至各种科学理论，诸如生态科学、生命科学、太空科学理论，并参考吸收建构主义学派、女性主义学派、生态政治学派、后现代主义学派、批判学习理论、功能主义、行为主义、新国际制度理论、微观政治学等理论。并且，融合孟德斯鸠、康德、黑格尔的法哲学，汇融霍布斯、康德、格劳秀斯的三种传统，建构起一个复杂而多元的网络化、立体化体系，避免国际地区冲突、文化冲突。消除国内热点麻烦，确保能源利用、生态保护、粮食增产、人口控制、太空和平利用等诸多影响世界与国内问题的和平解决，推动可持续发展范式的确立与新的世界秩序平衡的建构，都与此息息相关。因此，当下中国法律文化的建构作为新语境与转型的可能性突出，明显具有以新的法制结构范式超越新现实主义的努力。

进一步，在作者看来，法治理论的这种理论预设，其实蕴含着中国的法学理论工作者对依法治国进程中的法治信仰的思考。作者从执法者的法律素质和法治的关系方面探索了现代法治信仰的培植等方面的问题。这种带有前沿性的思考与方法，无疑对推动法治理论建设具有积极的学理与实践意义。

承上所述，既然法学的文化语境与法治原则出现了新变，在法治实践中如何解决理论与实践的结构冲突等问题，并通过文明的语境及其语法突破分析与规范的解释危机及其紧张状态，进而提升法治的灵活度与实践境界，是作者探索法治的深层次学理结构及其实践理性的重要努力。

因此，本书作者致力最多的是，探索中国传统法律文化的现实价值，中国现代法律文化的建设的途径，并通过语言与法律的相互作用及影响，推求法律语言实现法律确定性之途径。它具体涉及法官的庭审语言对消除模糊性的影响，司法文书中叙述语言的特点，司法语境下法官的语言表达方式，法律语言"入乡随俗"的可能性，司法语言专业化与大众化的融合，以及我国行政法律立法语言表述存在的若干问题，等等。通过法学制度主义与策略选择的互动，大大地超越丛林规则与自然秩序的关系预设，以及法律语言准确性与模糊性的矛盾思辨。力图在自由主义与国家主权的对生的语境中，以及新现实主义与自由主义的融合进程中，展现法治对世界秩序的建构意义。这实际上具有中国法律语言的实践理性的新范式建构特征。

综上所述，作者将法律与法治纳入政治人类学的框架下进行观照，目的就是要通过法治实践中的人民权利与国家主权、民族观念、世界体系等方面的对话，探索法治与安全最大化的关系，解构西方形而上学法学体系，达成与世界视域的融合，拒斥日趋碎片化与缩小的世界政治为背景而影响全球化与权力平衡的趋势，展现中国法治建设中的交往理性——主体间性的凸显，从而确保世界—国家命运共同体与共同体利益的提升倾向的趋同。这种努力，其心伟，其志坚，应是与所有的法学工作者的努力与目标是一致的。

是为序。

翟鹏玉

（广西民族大学教授，硕士、博士生导师）

2022 年 3 月

目 录
CONTENTS

第一篇 法治篇

第一章 法治在何处——中国社会转型中的法治建设思考⋯⋯⋯ 3

第一节 中国转型问题之出路⋯⋯⋯⋯⋯⋯⋯⋯⋯⋯⋯⋯ 3

第二节 中国法治建设之挑战⋯⋯⋯⋯⋯⋯⋯⋯⋯⋯⋯⋯ 7

第三节 中国现代法治理念之提升 ⋯⋯⋯⋯⋯⋯⋯⋯⋯ 10

第四节 中国法治建设之思考 ⋯⋯⋯⋯⋯⋯⋯⋯⋯⋯⋯ 16

第二章 法治与法律核心范畴的建构 ⋯⋯⋯⋯⋯⋯⋯⋯⋯⋯ 22

第一节 法治社会的根本特征及其文化要义 ⋯⋯⋯⋯⋯ 22

第二节 中国法治建设的历史探索 ⋯⋯⋯⋯⋯⋯⋯⋯⋯ 25

第三节 确立法律实践的现实规范途径 ⋯⋯⋯⋯⋯⋯⋯ 28

第三章 法治与法的价值追求 ⋯⋯⋯⋯⋯⋯⋯⋯⋯⋯⋯⋯⋯ 37

第一节 法治是一种价值观念和价值追求 ⋯⋯⋯⋯⋯⋯ 37

第二节 法治是良法和善治的综合体 …………………… 39

第三节 公平正义是法治的重要价值追求 ……………… 40

第四章 社会法治信仰的培植与普及 ………………………… 43

第一节 法治信仰是现代法治化不可或缺的精神基石 ……… 43

第二节 现代法治信仰的培植 ………………………… 47

第三节 执法者的法治素质和法治 ………………… 53

第五章 现代社会法治与德治的辩证关系 …………………… 60

第一节 法治：必然、实然与应然 ……………………… 60

第二节 论先秦儒家"为政在人"并非"人治" …………… 67

第三节 法治和德治的现实统一 ……………………… 77

第二篇 法律文化与建设篇

第一章 中国传统法律文化的现实价值 …………………… 89

第一节 传统法律文化的延续性与承继性 ……………… 90

第二节 中国传统法律文化的现实价值 ………………… 92

第三节 传统法律文化的创新及其实践意义 …………… 98

第二章 建构中国特色的现代法律文化 ……………………… 100

第一节 中西法律文化的差异性和互补性、互容性 ……… 100

第二节 中国传统法律文化和现代法治的排拒性与贯通性、相容性

…………………………………………………………… 105

第三节 建构中国特色的现代化法律文化 ……………… 108

第三篇　法律语言篇

第一章　语言与法律的相互作用及影响 ……………………… **113**

第二章　法律语言的特性 ……………………………………… **124**

第三章　法律语言准确性与模糊性的矛盾思辨 ……………… **131**

第一节　法律语言实现法律确定性之途径 ……………… 131

第二节　法官的庭审语言对消除模糊性的影响 ………… 140

第四章　法律语言"专业化"与"大众化"的融合思考 ……… **148**

第一节　法律语言"入乡随俗"初探 …………………… 148

第二节　司法语言专业化与大众化的融合思考 ………… 160

第五章　法律语言的实践性 …………………………………… **171**

第一节　司法文书中叙述语言的特点 …………………… 171

第二节　司法语境下法官的语言表达方式 ……………… 176

第三节　我国行政法律立法语言表述存在的若干问题探析 …… 181

后　记 …………………………………………………………… **191**

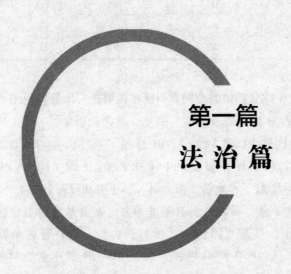

第一篇
法 治 篇

第一章

法治在何处
——中国社会转型中的法治建设思考

第一节　中国转型问题之出路

近年来，我们耳闻目睹了许多经济民生、社会文化与政治法律现象，如房价的涨跌、电信网络诈骗案件频发、腐败大案时有曝光、呼格吉勒图案、聂树斌案、"张氏叔侄强奸杀人案"等一批冤错案件的纠正，孙小果案、操场埋尸案、黄鸿发家族案等一批重大案件作为扫黑除恶专项案件被写入"两高"工作报告。还有丰县"铁链女"事件、唐山烧烤店打人事件等，让人们广泛关注，成为社会的热门话题——无疑，治出成效，拥有更多的法治获得感、安全感、幸福感是当下人民群众的期盼。中国经济社会发展取得如此骄人的成就，自有其理论、道路和制度上的优势与自信。但社会矛盾的变化、自然灾害频繁、世界百年未有之大变局的加速演进、突如其来的百年一遇的新冠肺炎疫情在全球迅速蔓延所带来的巨大挑战，外部环境复杂严峻的各种迹象表明，中国不仅要发展好经济，更重要的是要重塑我们改革的机制，发挥法治的制度优势，提升国家和社会治理效能，否则经济发展和政治社会稳定将面临更多的困难与挑战。40 多年的改革开放，是鸦片战争后中国社会的又一时段的转型。此刻正在步入关键的"攻坚阶段"，风险与机遇并存。

那么如何启动政改呢？学界的建言有以下几点。

一、培育现代国家理性，以优良政体宣示和承载国家理性

学者许章润认为，中国转型的四大任务一是发展经济社会，即构建现代市场经济体系，建设现代多元开放社会；二是建构民族国家；三是建设优良政体；四是重缔意义秩序。现代国家的成长就是它的政治统治形式，也就是主权空间内的政道和治道的自我完善。从 16 世纪的意大利城市共和国与西欧的君主制，到 16 世纪晚期、17 世纪开始的王权国家或者绝对君主制，再到国家的绝对性受到结构和限制、绝对君主政制解体并逐步为共和政体所取代，以及特别是最终自由民主立宪政制成为构建国家的普遍形式，实现了政治权力与国家利益的一体化。随着现代政治特别是自由民主的立宪政体的兴起、建制化和完善，"以优良政体承载国家理性"的现代国家亦在渐渐地完善。①

二、突破改革理念，建设一个公平正义的社会

著名学者孙立平强调，中国现在是需要变革的历史时刻。目前有三个因素将决定着中国未来的走向：一是有的问题已经到了临界点的程度；二是民心思变，新的变革已成为社会普遍的共识；三是体制本身要维持连续性，就是所谓"保江山"。面对这样一种客观的情况，一个能真正解决问题，同时又是建设性的理念是非常重要的。他主张建设一个公平正义的社会。公平正义的理念至少有这么几个特点：第一，有明确

---

① 许章润. 以优良政体承载国家理性［J］. 社会科学论坛，2012（5）.

的价值目标，而且这个目标能得到社会广泛的认同。第二，这个理念是建设性的，既可以解决中国社会的实质性问题，又可以避免大的社会动荡。第三，有巨大的潜力，这是一场真正的思想解放运动。第四，社会有广泛共识，可以避免分歧和分裂，从而将阻力缩小到最低的限度。公平正义是协调社会各个阶层相互关系的基本准则，公平正义问题已经是今天中国社会的基本症结。在社会转型时期，造就社会变革动力和社会活力的关键在于能否形成国家意志与民众意愿、官与民之间的良性互动，是否取得社会各个阶层的共识和认同。就目前的情况来说，反腐败可能就是现实提供的一个可能的切入点。现在的问题是，当反腐败斗争进入一个新的阶段后，能不能及时转入可以导致制度变革的制度化反腐。①

三、强调法治先于民主，寻求法治新道

理论上民主与法治无疑是有机联系、不可分割的，但在实际上有时却难以整体推进，是否存在从先后递进到相互依存共进的问题？弗朗西斯·福山在对世界各国政治秩序起源与发展考察后，在《政治秩序的起源》一书中对国家、法治和民主进行排序时，认为国家和法治在历史上和逻辑上的排序都先于民主。从理论上看，民主是一种政治制度和政治秩序，没有国家和法治，就无法建立起民主制度。国外很多研究中国制度的学者持法治优先于民主的观点。国内持此见的学者强调，中国要推行民主化，前提条件的根本还是法治。因为民主是一个涉及谁来统治的问题，是一个更难的问题；而法治是属于统治者能否也遵守已经制定的规则的问题。所以法治原则理应比较容易为当局所接受，对于民众

---

① 孙立平. 突破改革理念，确立社会转型新思维 [EB/OL]. http://www.china-review.com/laf.asp? id=31564.

来说也理应更容易接受。是否遵守规则是国家权力合理化的第一步，没有这一步谈何民主？杨光斌教授指出："无论是民主还是权威，都是用来分配权力的，而法治是用来约束权力的"。① "没有民主，治理再好老百姓不同意；没有法治，民主太多，就会乱；没有权威，也会乱。这些经验都是根据第三次民主化转型总结出来的。如果有了民主、权威、法治的动态平衡，一个社会大概不会差到哪去。所以说，民主、权威、法治能达到动态平衡的政治，将是一种'好政治'。"② 经济学家郎咸平在讨论法治问题时，认为中国香港和新加坡的政府是全世界廉洁而有效率的政府，中国的前途在于"新法治主义"，即由"精英政府"建立法治，完成"法治"化，而现在谈民主为时过早。③

概括起来，上述看法尽管都各持己见，颇具争议，但讨论严谨，思路开阔，多有交集，其中最大共识就是强调解决中国转型问题的法治之路。如在法治轨道上，推动反腐败斗争向纵深发展。反腐在制度层面（官员财产公示、限制权力、落实权利）向前推进，既是法治的根本价值追求，更是法治基本的程序构建。就目前的反腐败来说，与其关心它是以什么方式开始，不如关注它是以什么方式结束。民主与法治一直以来都是现代法治国家的建设目标与理想追求。民主与法治二者并非对立而是相互促进不可分割，民主必须法治化。在中国社会转型过程中，在全面推进法治国家建设方面，法治具有更加重要的保障护航作用。习近平总书记多次强调："法治是国家治理体系和治理能力的重要依托。"④

---

① 杨光斌. 中国政治改革 40 年之政治学理论内涵——基于历史及比较的维度［J］. 中央社会主义学院学报. 2019（1）.

② 杨光斌. 中国政治改革 40 年之政治学理论内涵——基于历史及比较的维度［J］. 中央社会主义学院学报. 2019（1）.

③ 袁启清. 异哉所谓"法治"问题——驳郎咸平"新法治主义"［EB/OL］. http://bbs.tianya.cn/post-no01-262007-1.shtml.

④ 习近平. 2020 年 11 月 16 日至 17 日在中央全面依法治国工作会议上的讲话.

法治通过对民主的保障来推动和促进民主在国家治理现代化进程中不断丰富发展并发挥出其特有的力量与作用。"人民民主是社会主义的生命。全过程人民民主是社会主义民主政治的本质属性，是最广泛、最真实、最管用的民主。"① 党的十八大以来，以习近平同志为核心的党中央提出全过程人民民主的重要论断并在民主实践领域全面推进，为中国法治现代化注入新的内涵与活力，拓展了解决中国社会转型时期诸多问题的渠道与方法，在理论与实践上为世界民主政治的发展提供了新的路径。

第二节　中国法治建设之挑战

法治是社会进步、社会文明的一项重要标志，是一种理想的政治法律制度模式。20 世纪 90 年代，通常被学界认为是新中国法治进程的历史飞跃的节点。其标志较早的是 1992 年抗辩制改革或 1993 年的宪法修正；晚些则要推迟到 1996 年八届人大四次会议、1997 年中国共产党的十五大报告；或是将"实行依法治国，建设社会主义法治国家"明确写入的 1999 年宪法修正案。② 从那时起，宪法和法律在中国的政治和社会中的地位发生了根本性的转变，提升为指导和约束所有官民行为的普遍准则，建设社会主义法治国家成为基本的治国方略。在继承中国历史文化精髓与借鉴和移植西方法律制度的基础上，结合中国国情，中国

---

① 习近平. 2022 年 10 月 16 日在中国共产党第二十次全国代表大会上的报告.
② 袁曙宏，杨伟东. 我国法治建设三十年回顾与前瞻——关于中国法治历程、作用和发展趋势的思考 [J]. 中国法学. 2009 (1). 齐延平，于文豪. 法治 30 年的回顾、反思与展望——第一届齐鲁法学论坛述评 [J]. 法学论坛. 2008 (6).

初步建立了比较完善的法律体系。40 多年的法治实践，使我们在法治理念认识及法治实践上都有了可喜的进步，中国式法治现代化新道路得到进一步拓展和完善。但是，法治作为一种文明、一种生活方式、行为规范，尚未完全成就。从清朝末年开始，我们学习和借鉴西方法治，已有上百年时间，我们在法治建设上已取得较大成就，但我们在法治现代化方面尚需努力。尤为严峻的是，尽管中国特色社会主义法律体系已经宣告形成，但这是一个多元的、充满张力的结构。"中国特色"意味着本土特殊性，与法律体系内在的普遍性指向和参与全球治理的时代使命其实存在着一定的矛盾。

其实，讨论中国法治问题，还有必要冷静梳理法治理论所展开的历程。20 世纪 70 年代末 80 年代初，法律面前人人平等、保障人格权等诉求很容易引起人们的共鸣，在人治与法治的大争论中法治论占了上风。当时探讨法治主要有两大观点：强调主观意志或强调客观法则。客观法则论强调法的"理性"概念，这预示中国法治现代化的开始。在这样的思想背景下，90 年代之后先后出现了权利本位论、程序本位论以及司法改革运动、新宪政运动等。在理论与制度互动过程中，"国际化"与"本土化"两种立场间的张力开始加强。中国特色的社会主义法律体系正是在这样的思想脉络中逐步形成的。特别在改革开放时代，以吸引外资、导入市场经济竞争机制为动力，中国法治有了迅速的发展。

法律的生命与其说是逻辑，不如说是经验。法律是不会自动发生作用的。法治建设的关键在于如何实施法律。实施是一种机制，需要有人来启动，有人来使用，法律才能活起来。只有当公民拿法律来维护自身权利的时候，法律才会产生效力；只有当公民都在法律的框架中解决问题时，法律才有权威，国家才会长治久安。如果大家在法律之外寻求解决纠纷的途径，就会产生治理上的麻烦。1960 年科斯的著名论文《社会成本问题》问世以后，引起了经济学界的轰动。追随科斯的理论家越来越多，在法学领域形成了新的流派——法律经济学（Law and Economics），所谓的科斯定理可以这样表述：在一个零交易成本世界里，不论如何选择法律配置资源，只要交易自由，总会产生高效率的结果；而在现实交易成本存在的情况下，能使交易成本影响最小化的法律是最适当的法律。① 推动制度改革的必要性大多数人意识到了，但为什么不能付诸实施？因为制度改革有风险，也需要成本，还会受到既得利益集团的抵制。

违反法治有两种形式：一是法律不确定，即法律不能使人预见未来的发展或形成确定的期待（如法律模糊、自由裁量权过大）；二是让人对法律的期待破灭或无望。不确定与期待破灭或为专横的权力提供机会，或侵犯了人作为自治主体的尊严。我国幅员辽阔，民族多、人口多，利益格局复杂，区域发展和经济发展不平衡，基层法治化建设进程缓慢，社会新现象、新问题层出不穷。我国法治事业正处于一个关键性时期。目前，我国法治建设面临的问题与挑战主要表现在下面几个方面。

1. 以法治为核心的政治秩序和社会秩序已经建立、但还需进一步完备与完善。要从理念和行动上彻底从人治转向法治，需要一个长期的历程。

2. 党的十八大将法治作为治国理政的基本方式，"法治"在我国执政体系中被赋予核心地位。但人治、权力本位、关系本位等意识、观念还未彻底清除，法律还未能在全社会中获得普遍意义的尊崇和信守；维权成本高，人民群众权利保护体系尚未真正建成；在我国大部分农村地区，法律还未走进广大农民的生活。

3. 我国社会主义法律体系虽已建成但不尽完备，立法工作还存在

---

① ［美］理查德·A. 波斯纳. 法律的经济分析（上）［M］. 蒋兆康，译. 北京：中国大百科全书出版社，1997：20.

一定的滞后性。许多民生领域、重点领域、新兴领域的立法还未能适应当前经济改革发展的实际和民众的需求。有些法律体系还不够协调、不相配套；一些立法仍显粗疏，部分法律的实际作用价值和功能受限。

4. 党的十八大以来，党风廉政建设和反腐败斗争取得了历史性成就，但形势依然严峻复杂。腐败案件时有发生，特别是教育医疗、养老社保、扶贫环保等领域的腐败问题还需要持续纠治。有些运行、实施中的法律缺乏实操性，对权力腐败的克制力度不强。

5. 违法行政、滥用职权、执法不严、执法不公现象还在一定程度上存在。不作为、慢作为、乱作为、层层加码等现象时有发生。一些政府部门及执法人员有时过于重结果而忽略了执法过程的规范与公正；执法过程监督的有效性与可操作性还有待进一步提升；有些执法人员的治理水平和治理能力与党的要求和人民群众的期待相比，还有较大差距。

6. 中国40多年的司法改革已取得了较大的成效。但案多人少、办案能力不强，公信力不足。一些基层司法人员素质低下，仍是基层司法改革和建设中面临的短板与难题；司法行政化现象还没有得到完全治理；在基层法治建设过程中，由于多种因素影响，还存在立案难、执行难、司法不公、冤假错案、司法腐败等问题。这些问题若不及时纠正和解决，就会严重损害司法的尊严与权威，影响社会公平正义的实现。

第三节　中国现代法治理念之提升

一、西方法治之源流

西方的法治思想源自古希腊时期。亚里士多德有一个著名论断：

"法治应包含两重意义：已成立的法律获得普遍的服从，而大家所服从的法律又应该本身是制定得良好的法律。"① 与其说阐释了法治的基本含义，不如说通过从逻辑上粗略地勾画出法治的形式要件，让人们去不断追问究竟何谓"普遍的服从"、何谓"制定得良好"。在此基础上，西方开始了源远流长的法治精神的培育和法治实践的发端。

至近代，西方资产阶级兴起，商品经济和资产阶级革命为传统的法治思想注入新的内容。在继承古希腊、罗马法治思想的基础上，近代西方出现一大批法治思想家，如卢梭、孟德斯鸠、杰弗逊等。他们在反对封建专制主义时，提出符合资产阶级需求的法治思想。卢梭认为：国家构成的基本要素不是官员而是法律，应该以法律来规范国家的治理，以法律来限制、控制权力的运作和操作，以法律来监督统治者、官员的执政，以法律来界定其权能和职能。统治者不能凌驾于法律之上，他们是法律的臣仆，应严格遵守法律。"共和国里对行政官们所设下的全部障碍，都是为着保障法律的神圣堡垒的安全而建立的。他们是执行者而不是仲裁者，他们应该保卫法律，而不是侵犯法律。"② 更重要的是，他们将这些思想付诸实践。

进入现代后，随着人对法治的认识愈加深刻，人们对何为法治也产生了不同见解。作为一种人类文明现象及其理性结晶，法治具有多维的性质。法治究竟是什么？人们可从不同的角度进行认识，以至于众说纷纭。世界权威性的法律百科全书《牛津法律大辞典》认为，法治是"一个无比重要，但未被定义也不能随便就能被定义的概念，它意指所有的权威机构、立法、行政、司法及其他机构都要服从于某些原则。这些原则一般被看作是表达了法律的各种特性，如：正义的基本原则、道德原则、公平和合理诉讼程序的观念，它含有对个人的至高无上的价值

① ［古希腊］亚里士多德. 政治学 ［M］. 北京：商务印书馆，1965：199.
② ［法］卢梭. 社会契约论 ［M］. 北京：商务印书馆，2000：12.

观念和尊严的尊重。在任何法律制度中，法治的内容是：对立法权的限制；反对滥用行政权力的保护措施；获得法律的忠告、帮助和保护的大量的和平等的机会；对个人和团体各种权利和自由的正当保护；以及在法律面前人人平等。在超国家的和国际的社会中，法治指对不同社会的不同传统、愿望和要求的承认，以及发展协调权利要求，解决争端和冲突，消除暴力的方法。它不是强调政府要维护和执行法律及秩序；而是说政府本身要服从法律制度，而不能不顾法律或重新制定适应本身利益的法律"。简而言之，法治就是法律至上，法律统治世界，即便是政府也不能随意改变一个基本法律。法治不仅仅是治理社会、管理国家的一种原则、方法、制度、秩序，而且还承载着价值的内容和使命。法治之法是以人类的权利、价值观念为基础的，法律的权威性、神圣性来自价值性。显然，《牛津法律大辞典》对法治的理解是深邃的。

当代西方三大法学流派，即新自然法学派、实证主义法学派和社会法学派，是在西方法学中占主导地位的学派。无论是这三大学派还是当代其他各种法律思潮，都不同程度地继承和发展了近代启蒙思想家们关于法治的理论。几乎所有的学派都主张各国在立法、执法和司法过程中要体现法治原则，以确保公民的各种合法权利和义务的实施。西方当代法律制度的特点是：1. 加强国家对社会生活的干预，从而大大加强了行政权力；2. 加强了法官的自由裁量权；3. 由于社会法的出现，打破了自由资本主义时期形成的公法与私法的界限；4. 加强了授权立法、委托立法和行政立法的作用；5. 在法律理论上，更加重视法外因素对法和法律过程的影响。①

---

① 苏彦新，徐忠明，任强．法治及西方资源四人谈 [N]．2010 – 12 – 7. http：// blog. sina. com. cn/s/blog_ 59a329cb0100noji. html.

二、中国现代法治理念之提升

当代中国，全面依法治国已经成为国家治理的主流理念和治国方略。具有中国特色的社会主义法律体系业已形成，然而，传统的"人治"思想、权利本位主义等还在一定程度上存在，法治信仰、权利意识仍需进一步培育。这些都是处在全面依法治国的关键时期的中国应该注意或是说警醒的问题。通过上述对西方法治思想和实践源流的探讨，不讳言，民主、法治、人权都是具有普遍性的人类的共同价值追求。由于政治制度的差别、经济发展水平的不同、历史文化传统的差异，中国共产党人在承继中国历史文化的优秀传统和吸收世界优秀法治成果的基础上，从中国实际出发，经过不懈的探索，开创出一条不同于西方的中国特色社会主义法治道路。随着全面依法治国的不断深化，提升全社会的现代法治理念具有重要意义。

（一）坚守法治的价值观

一般而言，对法治有两种的不同理解：一种是工具性（instrumental）的；一种是实体性（substantive）的。按照工具性的理解，法治的价值仅仅在于保证规则的有效性。绝对的工具主义法治观只看到了法治的外壳，而没有看到其精神。第二次世界大战期间法西斯主义蔑视和践踏人类尊严的暴行给法律实证主义敲响了警钟，并刺激了新自然法学的复兴。如果不能确认和树立某些绝对的、超越的道德价值，如果不能承认在实在法的体系之外还有一个自然法的、道德法的体系，那么，法治便不可能提供一个谋求广泛的、实质正义的制度框架，尤其是不可能通过法律来遏制蔑视和践踏人类尊严的暴行。作为法律制度的一种品德，法治的确带有工具性，但以若干重要的实体价值为支撑的。当然，指出工具主义法治观的缺陷既非否定法治的工具品德，也非否定规则之于法治的意义，更非否定法治本身的形式主义要求和规则本身的确定性。①"现代法律是一种社会的和经验上可知的现象，是一直把法律和正义相联系的法律传统的最新表现。""我们站在法律和正义间关联的历史关键时刻。"②

中国共产党带领全体中国人民推进全面依法治国，建设社会主义法治国家，其根本目的就是依法保障和实现人民的利益。一切为了人民、以人民为中心既是中国特色社会主义法治的目标导向又是法治中国的价值旨归，更是我们坚守法治的动力之源。

（二）坚持特色的法治观

法治存在悖论，如普遍与特殊、秩序与正义、确定与灵活、稳定与变革、目的性与工具性、一律平等与差别对待、规则治理与自由裁量、个人自由与福利国家规划、形式正义与实质正义、法律与情理等。这些矛盾在某种程度上出自法律本身的矛盾。但这些固有矛盾，也为法律发展提供了动力和契机。法治是一门实践的艺术，在法治社会，法治的运作都会面临许多具体问题。因此，在不同的文化和制度背景下，法治的表述、建设以及操作，都会有不尽相同的语式、路径和方法。尽管西方的法治思想有其先进的一面，但以宗教信仰为基础的西方法治文化与我国传统的法律文化有较大的差异，对西方法治思想要批判性的借鉴。近代时期的清末、南京国民政府时期的法治建设就是例证，全盘西化式的法律移植并不能完全在中国的土壤上生根发芽。中国特殊的国情决定了我们在学习西方的法治理念时，更要注意其与本国国情、社情相融合，更要注意发挥本土法律资源的优势。

---

① 夏恿. 法治是什么？——渊源、规诫与价值 [J]. 中国社会科学. 1999 (4)：117-143.

② [美] 玛丽安·康斯特布尔. 正义的沉默——现代法律的局限和可能性 [M]. 曲广娣，译. 北京：北京大学出版社，2011：209、212.

（三）走中国特色人权发展道路

众所周知，近代西方文明的发展与基督教文化之间有着紧密的关联。在这一主题上，最为引人瞩目的研究可能当属社会学巨擘马克斯·韦伯的《新教伦理与资本主义精神》。不过，在韦伯之前，1895 年，德国著名公法学家格奥尔格·耶利内克就在《人权与公民权利宣言——现代宪政史上的一大贡献》这本小书里明确指出，人权或个人权利的观念来源于信仰和良知自由。耶利内克提醒我们，自古希腊时期就存在的自然法理论并未导出有关个人权利的系统阐述。实际上，自然法理论一直都是偏向保守的，它充当了为实证法律辩护的意识形态角色。耶利内克主张应该深入历史与社会背景中来探寻人权理念运作的根基。根据这个思路，耶利内克把由加尔文宗领导的宗教改革运动纳入考察视域。在他看来，17 世纪有关宗教事务的实践活动激发出无须任何世俗权力认可的信仰自由理论，这在逻辑上又进一步影响到政治领域的建制。耶利内克认为，到了 18 世纪美国革命时期，以宗教信仰自由为出发点，个人权利观念逐渐扩大到了人身、财产、集会、出版和迁徙等自由权利。质言之，宗教和良知自由从根本上构成了人权宣言的终极源头。

宗教文化对西方宪政的构建起到了极为关键的历史作用，耶利内克对人权观念之宗教根源的精细考察似乎也佐证了这一点。另外，尼摩、福山等学者都有相关专门研究。① 不过，这样一种观点虽然促进了我们对人权意涵的深入理解，但对中国社会人权观念的培育提出了难题：中国没有基督教传统，也不可能建成这个宗教传统。在一个缺乏宗教传统和文化的国家，又如何可能形成独立于国家的个人权利观念呢？其实，我们远不必为此而悲观。韦伯有关基督新教伦理决定经济发展的著名论

---

① ［法］菲利普·尼摩. 什么是西方：西方文明的五大来源 ［M］. 阎雪梅，译. 桂林：广西师范大学出版社，2009. ［美］弗朗西斯·福山. 政治秩序的起源——从前人类时代到法国大革命 ［M］. 毛俊杰，译. 桂林：广西师范大学出版社，2012.

断，已经遭到了东亚经济模式的挑战。由此也完全可以预料，在人权的培育上，基督教文明也未必是唯一的催化剂或酵母。更重要的是，即便在现代西方，人权宪政和宗教信仰之间的联结也已经日趋衰弱。再一次向宗教来寻求药方也是行不通的，无论如何，现代世界处于一个不可逆的祛魅过程之中。因此，人权需要的乃是新的哲学论证和社会根基，这为中国社会人权的建设提供了崭新的契机和挑战。①

　　"尊重和保障人权是中国共产党人的不懈追求。"② 2004 年《宪法（修正案）》，明确将"国家尊重和保障人权"写入《中华人民共和国宪法》。党的十八大以来，以习近平同志为核心的党中央根据中国国情，对新时代如何实现和发展中国人权提出一系列新理念新思想，带领全国人民通过立法、执法、司法、反腐、扶贫等各种有效途径来推进人权的法治保障，推动我国人权事业的发展；丰富了世界人权事业的内涵与实践，走出了一条中国特色人权发展之路。

第四节　中国法治建设之思考

　　关于中国法治建设如何进一步推进，学界有许多学者在积极进言，这里选择部分概述如下。

一、突破社会转型悖论的法治之路

　　学者孙立平强调，社会转型是一个艰难而复杂的过程，会遭遇一系

---

① 人权与法治的宗教起源来源 [N]. 法治周末，2013-01-31. http：//www.sxdaily.com.cn/n/2013/0131/c317-5066604.html.

② 习近平. 2022 年 2 月 25 日在十九届中央政治局第三十七次集体学习时的讲话.

列的矛盾与困境。当中的一些困境即转型悖论。因此，改革和转型中的许多问题，不能绝对化、教条化，要恰如其分地看待这些因素之间的关系。当然了，改革和转型的最大悖论是改革的推动者与改革的对象是同一个主体。在什么样的情况下，同时作为改革对象的主体会有变革的意识。①

二、在法治建设与尊重传统之间找到平衡

有学者认为，中国的法治建设道路已经有过太多的挫折与弯路，问题的根本就是始终未抓住中国法治建设应在法治建设与尊重传统之间找到平衡，未改变目前法制供给与需求脱节的现状。因此，我们应在实现我国法治理想过程的同时，重构中国人自己的生活秩序，使法治建设扎根于我国的文化土壤，使得"双重社会"在中国社会与法律的顺利转型中握手言和。我国法治建设要顺利深化，应从以下几点来着手建设：一是加快并完善社会主义市场经济建设——消除民间法与国家法阻隔、同化法制生长土壤构筑法制根基的"法理革命"；二是打破城乡二元结构——消除我国法律意识领域的阻却性因素，实现城乡同归法治的社会同构的重要举措；三是民间法与国家法的对话与交流——广场效应与剧场效应的互动，实现二者的共存与合作，从而达至建立二者共同信守的信念范式；四是行政执法与法官审判中的法律解释——媒介民间法与国家的中介性环节。②

---

① 孙立平. 突破改革理念，确立社会转型新思维 [EB/OL]. http://www.china-review.com/laf.asp? id=31564.

② 任立华，权晶晶. 民间法与国家法关系维度探究——兼论中国法治建设进路 [J]. 济南大学学报（社会科学版）. 2007 (2).

三、自主型法治进路

有学者指出，中国正经历着法治进路的重要转型。即从以偏重于学习和借鉴西方法律制度和理论为取向的追仿型法治进路，转向以适应中国具体国情、解决中国实际问题为基本目标的自主型法治进路。自主型法治进路具有这样几个特点：其一，立足于中国的社会性质和具体国情，以解决中国实际问题为基本目标，而非依仿于理论上或观念中的某种西方模式。其二，通过挖掘和提炼本土社会治理经验，尤其是通过基于中国国情的制度创新，完善法律制度和法律运作。其三，系统、综合地形成一整套中国特色的法治理论和法律制度体系，特别是把司法制度放置到我国政治运作的总体结构中，形成能够与政治等其他社会治理力量相协调与融合的司法运行机制。其四，自主型法治进路在保持对公平、正义、民主、自由等法治价值的追求的同时，又会从中国实际出发正确处理这些价值在现实中的矛盾与冲突。①

四、去"行政执法化"，敦实权力行使失去了正当性基础

有学者认为，法治进程的中心任务，是通过立法和司法制约政府权力，由立法制定并由司法保障的法定权利义务关系，重新确立政府、官员和民众三者之间的政治关系。40 多年来，随着国家立法在国计民生中的影响力不断扩大，通过强化立法权与司法权的制约，转变政府的权力性质，将行使公共权力和处理公共事务的行政过程转变为执行法律规则和程序规定的执法过程。一言以蔽之，"行政执法化"。值得警醒和反思的是，40 多年来"行政执法化"进程中伴随的暴力和腐败，也许

---

① 顾培东. 我国自主型法治进路相关问题的思考 [OL]. 2010 - 04 - 06. http：//www.lawinnovation.com/html/zgfx50rlt/25568002. shtml.

并非政治改革的意外后果，而是科层主义法治理念的潜在趋势。科层法治面临的难题在于，不论从体制上如何强化"行政执法能力"，强化领导责任，如果官员自身欠缺内在的伦理动力，只能是杯水车薪，终究无济于事。科层法治趋于堕落都是源自共同的根源：对一己私利的贪欲和对公共福祉的无视。由此不难想见，如果仅仅依赖于权力制衡，如果全然失去甚至是排斥外在于国家权力同时内在于官民内心的伦理约束，我们所能得到的必然只是一个在权力滥用上更为积极、在职责履行上更为消极、仅仅追求一己私利的国家蛀虫——这才是真正可怕的"人治"。最终是权力的行使失去了正当性基础。①

五、以人民代表大会为平台的法治民主

杨光斌教授认为，在中国，构成法治体系的制度是"一个中心，两个基本点"。即以人民代表大会制度为中心，以司法制度和行政制度为两个基本点。即"以人民代表大会为平台的法治民主"②。

在这里我们无力对专家们的论点——妄加评论，但想指出的是，每种思路都有其思辨性与针对性，在此基础上，我们想补充强调的是中国共产党的领导与中国法治的关系问题。

在当代中国，法治又称作依法治国。依法治国就是依照体现人民意志和社会发展规律的法律治理国家，而不是依照个人意志、主张治理国家；要求国家的政治、经济运作、社会各方面的活动都依照法律进行，而不受任何个人意志的干预、阻碍或破坏。一方面，中国法治进程的诸多问题与中国共产党的转型密切相关。另一方面，执政党在全社会中处

---

① 凌斌. 科层法治的实践悖论：行政执法化批判［OL］. 2011-12. http：//www. open-times. cn/bencandy. php？fid=326&aid=1554.

② 杨光斌. 作为民主形式的分权：理论建构、历史比较与政策选择［J］. 中国人民大学学报. 2012（6）.

于核心领导地位。习近平总书记指出："党的领导是我国社会主义法治之魂，是我国法治同西方资本主义国家法治最大的区别。"① "党的领导是人民当家作主和依法治国的根本保证。"② 这是中国最主要的政治特色，也是中国法治的特色。法治的核心是依法行政。一种符合法治要求的法律制度，一方面，要通过法律的普遍、公开、明确、稳定、可预期等品性来体现；另一方面，要通过关于立法、司法、执法的一套制度性安排来保障。从 20 世纪 80 年代末制定的《中华人民共和国行政诉讼法》那时起，党和政府已经开始了政治特别是行政体制改革的法治化进程，而且至今并未中断。党对司法的领导作用既要保证司法工作统一于社会治理以及社会发展的大局，又要保证司法机构正确地实施法律，监督和约束司法机构及其成员依照宪法和法律实施司法行为。

中国法治的创立是在全球化的整体趋势与潮流中实施和完成的。这种全球化的过程实际上是一个以西方世界作为主导、以趋近西方现代社会为目标的社会发展过程。在改革开放、市场化的过程中，传统的共同体关系已经解体，传统的价值共识也已经发生变化。西方主流社会早已经走完了现代民族国家的历史阶段，它们主导的世界格局正进入一个后国家（post state）的时代。这样，在与国际主流社会的交往中，后发国家就面临一个两难困境：既要抓紧建设自己的现代国家，又要适应国际主导趋势加入世界秩序的"去国家化"的议题之中。对于中国来说，现代国家还是一个新的政治形态，近百年来我们不乏民族、阶级及政党意识，但国家意识、国家利益还没有深入每一个公民的心灵。如此考虑，我们执政党无疑处于这一两难抉择的核心。考虑到改革发展的艰巨性及国际环境的复杂性，中国明智地选择政党—政府主导推进型发展，

---

① 习近平．2015 年 2 月 2 日在省部级主要领导干部学习贯彻党的十八届四中全会精神全面推进依法治国专题研讨班上的讲话．
② 习近平．2017 年 10 月 18 日在中国共产党第十九次全国代表大会上的报告．

力求形成国家与公民社会的合力推动，既有权利的伸张又有权力的运作，既是经验的也是建构的。在庆祝中国共产党成立一百周年大会上，习近平总书记提出一个崭新理论命题，即"中国式现代化新道路"。这是中国特色社会主义进入新时代以来，中国共产党领导人民经过艰辛探索和百年奋斗，开拓、开创出来的一条中国式法治现代化新道路。①"中国式现代化既有各国现代化的共同特征，更有基于自己国情的鲜明特色"②，是中国特色社会主义的现代化。在世界百年变局与中国大发展之间的历史性交汇之时，在法治现代化建设新的历史起点上，我们仍有必要结合中国的历史经验和教训，以更高的历史站位，去探寻中国式现代化新道路的定位、目标、路径，去深层思考法治究竟是为了什么。

---

① 张文显.论中国式法治现代化新道路［J］.中国法学.2022（1）.
② 习近平.2023年2月7日在学习贯彻党的二十大精神研讨班开班式上的讲话.

第二章

法治与法律核心范畴的建构

第一节　法治社会的根本特征及其文化要义

法治，是社会进步、社会文明的一项重要标志，是人类追求的理想目标之一，是治国理政不可或缺的重要手段；无论是党的领导、政府施政，还是经济运行、社会治理只有纳入法治化轨道才能实现有序运转。在西方，法治的观念源远流长。西方历史上的法治观念发端于梭伦变法，到亚里士多德时已经形成了较为系统而完整的理论体系。亚里士多德的法治理论是在批评和否定柏拉图的"人治论"的思想基础上形成的。在《政治学》里，亚里士多德提出："若要求由法律来统治即是要求由神祇和理智来统治，若要求由一个人来统治，便无异于引狼入室。因为人类的情欲如同野兽，虽至圣大贤也会让强烈的情感引入歧途。惟法律拥有理智而免除情欲。"① 他指出：法治"包括两重意义，已成立的法律获得普遍的服从，而大家所服从的法律又应该本身是制定得良好

---

① ［古希腊］亚里士多德．政治学［M］．北京：商务印书馆，1983：199.

的法律"①。古罗马的法学家们亦倡导"以法为据"。古希腊、古罗马的法治思想对西方法律文化的形成与发展产生了重要的影响。可以说,在很大程度上,近代西方资产阶级的法治理论就是以古希腊和古罗马的法治思想传统为基础而形成和发展起来的。古希腊、古罗马的法治思想、自然法系说,被近代资产阶级的法治理论所革新弘扬。法治的目的在于变封建的君主专制为资本主义的民主共和或君主立宪制。近代西方启蒙思想家更是从平等、公正、自由、民主等方面对法治进行拓深拓广。卢梭称,在法治的国家中,"我们无须再问应该由谁来制定法律,因为法律乃是公意的行为;我们既无须问君主是否超乎法律之上,因为君主也是国家的成员,也无须问法律是否会不公正,因为没有人会对自己不公正;更无须问何以人们既是自由的而又要服从法律,因为法律只不过是我们意志的记录"。② 英国著名法学家戴雪(A. VDicey)关于法治的概念,则可以称为西方学界关于法治的经典定义。它包括以下三方面的内容:"第一,法律具有超越包括政府的广泛自由裁量权在内的任何专制权力的至高无上的绝对权威;第二,任何公民都必须服从在一般法院里实施的国家一般法律;第三,权力不是建立在抽象的宪法性文件上,而是建立在法院做出的实际判决上。"③ 从以上论述可以看出,近代西方法治是与专制制度相对立的。西方的启蒙者将法治与资产阶级的民主相结合,认为法律是"公意"的体现,是良法。"统治者是法的臣仆,他的全部权力都建立于法律之上。"④ "任何人都不能自以为高于法律之

---

① [法]卢梭. 社会契约论(中译本)[M]. 北京:商务印书馆,1980.
② [英]罗杰·科特威尔. 法律社会学导论 [M]. 潘大松,等,译. 北京:华夏出版社,1986.
③ [英]罗杰·科特威尔. 法律社会学导论 [M]. 潘大松,等,译. 北京:华夏出版社,1986.
④ [法]卢梭. 论政治经济学 [M]. 北京:商务印书馆,1962.

上。"① "在专制政府中国王便是法律，同样地在自由国家中法律便应该成为国王。"② 近现代西方学者的这些论述都强调法治状态下法律具有最高的权威，不允许有超然于法律之上的专横权力，法律在国家社会生活中居于最高地位。经过两千多年的努力，法治已由当初启蒙思想家们的理想转变为一种实实在在的国家形态，成为西方国家治理国家的一种方式。

今日中国，经过近百年的艰苦求索，几代人的不懈努力，"依法治国，建设有中国特色的社会主义法治国家"已成为 21 世纪中国人民的必然选择。1997 年，党的十五大提出要把"依法治国，建设社会主义法治国家"作为治国的基本方略；1999 年，把"依法治国，建立社会主义法治国家"写进宪法；2002 年，党的十六大确立了依法治国、建设社会主义法治国家的基本方略；2007 年，党的十七大要求进一步加快推进社会主义法治国家建设，全面落实依法治国基本方略；2012 年，党的十八大在坚持全面推进依法治国的同时，强调法治是治国理政的基本方式。从"治国方略"到"基本方式"，依法治国迈入一个更加深化和发展的新时期。党的二十大对"坚持全面依法治国""推进国家安全体系和能力现代化"进行专门部署，法治建设又迈上一个新台阶。在法治轨道推进法律制度建设的同时，要注重塑造全社会成员对待法律的观念态度，树立法律权威，在全社会建构起普遍尊法、学法、信法、守法和用法的社会氛围。

---

① ［法］卢梭. 论人类不平等的起源和基础 [M]. 北京：商务印书馆，1962.
② ［美］潘恩. 常识 [M]. 北京：商务印书馆，2016.

第二节　中国法治建设的历史探索

法治是法律之治，是良法善治。法律自创制以来就承载了人们的美好理想和不懈追求。不论是东方还是西方，对法的最初的阐释都离不开公平正义这样的价值属性。中国古代的"法"称为"灋"，最早见于西周金文，是一个意象丰富的会意字。汉代许慎《说文解字》对该字的解释为："灋，刑也。平之如水，故从水；廌，所以触不直者去之，从去。"喻示"法平如水"。"法平如水"成为我们千百年来对法的诠释和理解，是具有重要文化含义的意向性比喻，概括了中国几千年的法治文明精髓。① 古罗马在创立和完善罗马法的过程中，法学家最早赋予法律以公平正义的内涵和属性。古罗马著名的法学家乌尔比安说："对于打算学习罗马法的人来说，必须首先了解'法'（ius）的称谓从何而来。它来自'正义'（iustitia）。实际上（正如杰尔苏所巧妙定义的那样）法是善良和公正的艺术。""正义是给予每个人他应得的部分的这种坚定而恒久的愿望。"② 可见，公平正义是一切法律所追求的内在价值，亦是法在实际生活中赋予主体应有的权利。法律权利和义务的创设都是为了更好地维护和保障主体的权利，法律的立法过程和法律的实施运行过程，都是对法律内在价值的追求和完善的过程。法律内在的崇高价值属性是它具有至上性的核心所在。我国现行宪法在序言中明确宣告："本宪法以法律的形式确认了中国各族人民奋斗的成果，规定了国家的

① 王利明. 宪法的基本价值追求：法平如水 [J]. 环球法律评论，2012（6）.
② [意] 桑德罗·斯奇巴尼. 民法大全选译·正义和法 [M]. 黄风，译. 北京：中国政法大学出版社，1992：34.

根本制度和根本任务，是国家的根本法，具有最高的法律效力。全国各族人民、一切国家机关和武装力量、各政党和各社会团体、各企业事业组织，都必须以宪法为根本的活动准则，并且负有维护宪法尊严、保证宪法实施的职责。"在宪法正文第五条明确规定："中华人民共和国实行依法治国，建设社会主义法治国家。国家维护社会主义法制的统一和尊严。一切法律、行政法规和地方性法规都不得同宪法相抵触。一切国家机关和武装力量、各政党和各社会团体、各企业事业组织都必须遵守宪法和法律。一切违反宪法和法律的行为，必须予以追究。任何组织或者个人都不得有超越宪法和法律的特权。"由此，中华人民共和国以最高法，即宪法的形式，确认了宪法法律至上的原则，为建设中国特色社会主义法治国家奠定了思想与制度的基础。《中国共产党章程》在总纲中也明确指出，"党必须在宪法和法律的范围内活动"。可见，"宪法法律至上"的制度表达也是中国共产党对我国社会主义法治内涵的深化与提升。

党的十八大以来，中共中央以前所未有的力度推进社会主义法治国家的建设，突出宪法在全面依法治国中的地位，采取一系列有力措施加强宪法的宣传、实施和监督，维护宪法权威。党的十九大报告强调要加大全民普法力度，建设社会主义法治文化，树立宪法法律至上、法律面前人人平等的法治理念。习近平总书记要求各级领导干部"都要牢固树立宪法法律至上、法律面前人人平等、权由法定、权依法使等基本法治观念，对各种危害法治、破坏法治、践踏法治的行为要挺身而出、坚决斗争。"① 经过党和国家多年的努力，中国的法治建设取得了前所未有的成就。但由于历史文化等因素的影响，人们的法治观念还不够深厚。从观念上看，纵观中国历史，中国是一个严重缺乏民主政治和商品

---

① 习近平. 习近平关于协调推进"四个全面"战略布局论述摘编［M］. 北京：中央文献出版社，2015：117.

传统的国家。中国人的祖先因受地理环境的制约，以农耕为主，习于安居，是典型的自给自足的农业社会。而几千年的农业文明是以单一的农业经营为主，配合以微量的家庭手工业和家庭牧业的自然经济为依托，在一定程度上窒息了协作和交换的欲望，扼杀了生产发展和社会进步的内在动力，从而也就铸就了中华民族对自然的依赖和对社会权利、自由的疏离，并由此而创造出维护安定和谐的"礼治"秩序。在"礼治"社会中，人们遵循着仁、义、礼、智、信等古老的训诫，和睦（但未必平等）地生活在一起。中国人的理想社会是"法立而无犯，刑设而不用"，视繁法严刑为苛政，致力于"无讼"来维护社会的安定，注重由里及表的自律。从政治上看，以宗法制度为基础，以君主制和官僚制相结合的政治结构中，家、国一体，家长和君主一起统治着僵化而有序的社会。父子、夫妻、长幼、君臣之间的尊卑秩序森严，父权、夫权、族权、君权有极大的权威性。这种政治结构辅佐以儒教为主兼容道教、佛教的文化温床，只能孕育出"君权至上""君贵民轻""重权轻法""重义轻利"等人治思想。新中国建立后，因某些历史原因，我们没有能对这些深厚的历史积淀进行彻底的清算和革新，并且当时中国的经济社会体制决定了法律在社会关系的调整中不起主要作用，法律没有得到应有的地位与重视。加之"文化大革命"等政治运动对商品经济的抑制、对社会主义法制的严重破坏，导致"法律之治"进程缓慢。从政治权力阶层看，法律尚未成为制约权力的利器。"权大于法"的现象在现实生活中还没有得到完全的改变，因权力滥用而滋生的官员腐败案件时有发生。特别是司法腐败案件的发生，使中国的法治建设任重而道远。从社会民众阶层看，一方面，人们企盼法治能带来公正和安宁；另一方面，人们虽对法律的信任有所增强，但依赖的程度并不高；遇到问题还是不愿意走法律程序而更习惯用找"关系"或"信访"这样的方式来解决问题。这种矛盾的心理主要根源是民众对法律缺乏充分的信任和信仰，因此，"当代中国的法治建设是树立法律的权威的历程，是诱导并强化民众的法律信仰的过程"。①

必须注意的是，法律权威与"法律工具主义"或"法律万能"的观念是迥然不同的。"工具论"既把法律当作一种手段或一种工具，又将其视为目标，故其显然是非理性的、不科学的。"法万能论"则认为法无所不能，过分夸大了法的功能和作用，是在法的功能与作用认识上的错误观念。虽然它在强调法的功能及其社会作用上是有进步意义的，尤其对于批判非法与专横具有特别重要的意义，但它没有正确地认识和评价法的功能和作用，因而它是不科学的，甚至是有害的。而"法律至上"强调的则是人民意志至上，法的权威至上。它要求政府依法行政，要求全体社会成员不论是官员还是普通公民都要依法办事，法律是社会最权威的行为规范。只有在严格依法办事基础上，一个国家、一个社会、一个民族才能形成一种秩序与正义。实践证明，治国不依良法，不重视甚至蔑视法律，就必然会依当权者的个人才能、经验甚至喜好来理政，极易滋生"人治"，这是极其危险的。因此，要实现法治，首先必须树立法律的权威。"国无常强，国无常弱，奉法者强则强，奉法者弱则弱。"（韩非子语）

第三节　确立法律实践的现实规范途径

法律要发挥在国家治理中的核心作用，需要全社会成员信仰和遵守法律。法律权威的树立，一方面取决于法律本身的理性和科学，即法律

---

① 高其才. 当代中国法治建设的两难境地［J］. 法学，1999（2）.

本身是良善的，它符合法律内在的崇高价值，具有终极关怀的意义。维护人的尊严，尊重人的价值，保障人的权利，它有一套独立的司法体制和严格的诉讼程序。"法治的理想，就是去创造和维持一套原则、规则、程序和机构，以保障每个人的权益，防止它受到政府或其他人的侵犯，使每个人都有机会过一种合乎人的尊严的生活。"① 另一方面，也取决于法律能否给人们带来实际的利益，即好的法律更注重保障公民权利的实现，法律的实施便能满足社会成员的需要，解决民众的实际问题，给民众带来安宁与稳定。一个不能给民众带来实际利益的法律是无法让人敬仰和遵从，并奉其为行为准则的。只有当人们相信法律是尊重和保障人权自由、有效制约权力，并且是保护权利和无辜者公正的武器时，才会尊敬和拥护法律；否则，就会使民众丧失对法治的信心，依法治国就将失去最广泛的社会基础。因此，在一个人口众多且法治传统欠深厚的国度进行法治国家的建设，培植民众的法治信仰，树立法律至上的权威，就成了一个非常重要的问题。而影响法律权威确立的最大障碍在于权力缺乏有效的制约及民众观念上的误区，故要树立法律至上权威要从两方面入手：一是规范权力，以法治权；二是以法济民，实现公民守法的自觉化。

一、规范权力，以法治权

法治之法必须是良法，这是毋庸置疑的，但法律内容的公正、民主不等于这种法律就能得到公正、合法的实施。现代法治目的的实现在很大程度上依赖于行政与司法，两者构成了现代法治具体运作的基石。一方面，行政和司法是对国家法律民主性和科学性程度的一种检验，是国家法律作用的必然环节，同时也是个人权利实现和保障的直接体现过

① 陈弘毅. 法治·启蒙与现代法的精神［M］. 北京：中国政法大学出版社，1988.

程；另一方面，行政和司法又可能改变或扭曲国家法律的真正要求和内涵，压制甚至侵害社会个人权利。因此，在现代法治社会，对执法的合法性和公正性的关注已成为一个普遍的问题。依法治国，树立法律权威，关键在于如何依法治理"为官"手中的"权"，来保证权力的依法运作。

第一，规范权力，依法行政。

法治国家要求"行政权的行使应当遵循职权法定、法律保留、法律优位，依据法律、职权与职责统一的原则"。① 于政府而言，作为行政权实施的重要主体，必须依法行政。依法行政是依法治国的一种基本方略，是实现国家治理体系和治理能力现代化的必然要求。依法行政，就是要求政府在宪法和法律规定的范围内从事公务活动，严格依照法律规定的权限和程序行使权力，推行政府权力清单制度，明确权力行使的边界，强化对行政权力的制约和监督。对不作为、乱作为现象进行坚决纠正，对失职、渎职行为进行严格惩处。切实有效地保护公民权利，建成依法管理秩序和为社会提供服务的良好机制，使政府有限的权力产生高水平的社会服从，在严格执法中彰显法律权威。据此，在实现中华民族伟大复兴的关键时期，如何强化各级政府的法治思维和法治方式，提升依法行政本领，如何在现有的行政法律和法规的基础上对公权力运行的程序和制度进行进一步的完善与细化，从而对政府权力进行切实有效的监督和制约，是法治政府建设的重要内容。

第二，严格执法，公正司法。

司法是维护社会公平正义的最后一道防线。司法公正是执法活动内在的价值追求，是人民群众的期待与要求。司法公正，既包括实体公正，也包括程序公正。习近平总书记在 2012 年首都各界纪念现行宪法

① 应松年. 依法行政论纲 [J]. 中国法学，1997 (1).

公布实施 30 周年大会上的讲话中指出："我们要依法公正对待人民群众的诉求，努力让人民群众在每一个司法案件中都能感受到公平正义，决不能让不公正的审判伤害人民群众感情、损害人民群众权益。""如果人民群众通过司法程序不能保证自己的合法权利，那司法就没有公信力，人民群众也不会相信司法。"① 习近平总书记还进一步指出："如果司法这道防线缺乏公信力，社会公正就会受到普遍质疑，社会和谐稳定就难以保障……公正是法治的生命线；司法公正对社会公正具有重要引领作用，司法不公对社会公正具有致命破坏作用。"② 由于司法公正与公民的权利和国家权力的法律机制紧密联系，因此人们对法律是否公正的认识主要是在法律的适用过程中。法治所要求的法律普遍适用和至高无上，以及法律面前一律平等，也必须依靠公正的司法活动才能得到实现。从最初的立案受理、侦查审理到最后的裁决执行，司法的每一个阶段都是法律权威、法治尊严彰显的过程，亦是人民群众感受和认识严格执法、公正司法的过程。司法如果失去了公正，也就失去了灵魂，失去了它存在的意义。而实现司法公正，不仅要有合理的司法体制和完善的司法制度，而且有赖于司法执法人员严守职责权限、规范使用自由裁量权、严格依法办事。好的法律制度能否实现，关键在于执法之人。习近平总书记指出："全面推进依法治国的重点应该是保证法律严格实施。"③ 由此，执法者在法律适用过程中，无论是在结果上还是在程序上，都必须严格遵循法律的规定，公正执法。同时，要加强执法监督。坚持以公开促公正，以透明保廉洁。重点加强政府内部层级监督，健全权力运行制约和监督机制，严格落实执法责任制。对执法过程中的不法行为，坚决严格追责。严格执法、公正司法，这既是法治的基本要求，

---

① 习近平. 论坚持全面依法治国 [M]. 北京：中央文献出版社，2020：74.
② 习近平. 论坚持全面依法治国 [M]. 北京：中央文献出版社，2020：74.
③ 习近平. 2013 年 1 月 22 日在十八届中央纪委第二次全会上的讲话.

又是执法者的法定职责。

第三，遏制腐败，构建科学有效的权力运行机制。

党的十八大以来，反腐败斗争取得了举世瞩目的成效，但人民群众身边的不正之风和腐败问题依然复杂严峻。扶贫、涉农、社保、教育医疗、环境保护等民生领域的违法违纪行为呈现形式多样、手段多样、易发多发态势。人民群众对这些与切实利益相关的"微腐败"行为具有强烈的"痛感"，迫切希望以"零容忍"的态势惩治基层"微腐败"问题。这也是新时期人民群众对反腐败斗争的新期盼和新要求。腐败在本质上是公权力被滥用或私用。没有监督的权力必然导致腐败。习近平总书记指出："权力是一把双刃剑，在法治轨道上行使可以造福人民，在法律之外行使则必然祸害国家和人民。"① 习近平总书记多次强调："要加强对权力运行的制约和监督，把权力关进制度的笼子里，形成不敢腐的惩戒机制、不能腐的防范机制、不易腐的保障机制。"② 多年的反腐败斗争的成功经验表明，反腐败要靠法治。法治反腐，是指通过制定和实施法律，限制和规范公权力行使的范围、方式、手段、条件与程序，为公权力执掌者创设公开、透明和保障公正、公平的运作机制，以达成使公权力执掌者不能腐败、不敢腐败，从而逐步减少和消除腐败的目标。运用程序法制控制和规范公权力的行使，是反腐的上上策。③ 反腐还要充分发挥领导干部在尊法学法守法用法方面的领头和示范作用，"其身正，不令而行"，从而在全社会形成起尊法护法守法的法治氛围。只有切实形成科学有效的权力运行制约和监督体系，增强监督合力和实效，依法严惩腐败，做到有权必有责、用权受监督、违法必追究，才能提高执法的权威，彰显国家法制的权威，社会才能安宁稳定，人们才会

---

① 习近平. 2013 年 1 月 22 日在十八届中央纪委第二次全会上的讲话.
② 习近平. 2013 年 1 月 22 日在十八届中央纪委第二次全会上的讲话.
③ 姜明安. 论法治反腐 [J]. 行政法学研究，2016 (2).

对法律产生认同感、依赖感和安全感。

二、以法济民，实现公民守法的自觉化。

人民是法治建设的主体。遵守法律是法治国家对每一个公民的必然要求。从党的十二大报告提出："努力使每个公民都知法守法"，到党的十七大报告提出"形成自觉学法守法用法的社会氛围"，到党的十八大报告提出"增强全社会学法尊法守法用法意识"，再到党的二十大报告强调"努力使尊法学法守法用法在全社会蔚然成风"，可以看出我们党对守法意义的认识在不断地深化和提升。服从法律是守法的一种形式，但守法不仅仅是简单地服从法律更需要人们自觉地遵守法律。正如亚里士多德说的："邦国虽有良法，要是人民不能全部遵循，仍然不能实行法治。"① 服从法律和自觉守法是法律得到遵守的两种不同境界，服从是基于法律的强制，而守法则应当更多的是出于一种发自内心的自觉。因此，守法的自觉化既是法治的一种理想境界，又是现代法治建设追求的主要目标。而要实现守法的自觉化，需要两个条件：一是已经制定的法律是良好的法律，它本身蕴含了人们的希望和要求，与人们的政治理想和伦理道德观念相一致。二是法能真正起到帮助、救济民众的作用，能为社会排难解忧，帮助人们解决实际问题带来实际利益，让人们生活更加美好。唯有如此，人们才会从内心崇敬法律、信仰法律。据此，须在观念上和实践上同时努力。

（一）铸造坚定的法治信念

尽管法治本身还存在着诸多的悖论，"法治并非万能，但如果除了法治以外还没有发现更好的方法来实现政治民主，维持经济秩序以及保

---

① ［古希腊］亚里士多德. 政治学 ［M］. 北京：商务印书馆，1983：81.

障个人的权利，那么我们只有相信法治"。① 社会主义法治是市场经济、民主政治和多元理性文化发展的产物；法治的灵魂是公平正义等一定社会基本价值理念。这些价值理念也是各种制度、机制设计的基本依据，整个社会主义法律体系结构严谨、内部和谐、内容完备；科学立法、依法行政，公正司法，公民守法。因此，法治是目前我国社会主义现代化建设最好的选择。

对法治具有坚定的信念，还表现为对法治所蕴含的价值有高度的认同感、皈依感。人们信仰法治也就是认同作为法治载体的法律所蕴含的自由、民主、平等、正义等价值要素。相信法律具有至上的权威，是社会中最高的行为准则，是人民当家做主治理国家、行使民主权利的形式和保障。

（二）培育自觉的守法精神

"科学立法、严格执法、公正司法、全民守法"是党的十八大报告提出的依法治国的四大基本目标。"新法治十六字方针"对法治运行中的立法、执法、司法、守法的四大环节都提出了新的要求。把全民守法与科学立法、严格执法、公正司法并列更显示了对法治建设的全民性和法治运行全过程的高度重视。党的十八大报告要求："深入开展法治宣传教育，弘扬社会主义法治精神，树立社会主义法治理念，增强全社会学法尊法守法用法意识。提高领导干部运用法治思维和法治方式深化改革、推动发展、化解矛盾、维护稳定能力。"法治的力量来自民众对法律的自觉尊崇、信仰和遵守。全民守法是法律普适性原则在实践中的体现，也是社会主义法律平等适用的要求。而理想的守法境界应当更多的是公民对法律的一种自愿的遵从，是公民将外在法律规范内化为内在的法治意识。因此，培育自觉的守法精神是现代法治建设的一个主要

---

① ［古希腊］亚里士多德. 政治学［M］. 北京：商务印书馆，1983：81.

目标。

自觉的守法精神最直接的表现是维护法律的权威性。社会主义国家的法律的本质是人民利益与意志的体现，国家的法律制度因反映了社会成员的内在要求而具有正当性和合法性。因此，维护国家法律制度的严肃性和权威性，就成为每个公民的神圣责任和义务。在法治社会中，人民必须守法，政府更必须守法。政府守法，要求政府必须严格依法行政，切实有效地保护公民权利。公民守法，要求公民的一切权利必须依法获得，不得违反法律和破坏法律秩序。自觉的守法精神还表现在权利主体自觉履行义务的精神。法律是权利和义务的统一。马克思说："没有无义务的权利，也没有无权利的义务。"在我国，公民的权利和义务具有一致性。从理论上说，每一个公民都是一个守法主体，即我们每一个公民既是享受权利的主体，又是履行义务的主体。因此，我们不仅要增强权利观念、依法行使权利、维护权利，而且要增强义务观念，依法履行义务。如果说法定权利以其特有的利益导向和激励机制作用于人的行为，那么法定义务以其特有的约束机制和强制机制作用于人的行为。在现代法治社会，积极主动的"守法"更多的是出自守法主体的内在需求。因此，自觉履行义务的精神，是公民积极守法精神的上乘境界。

（三）扩展和提高法治主体的实践参与度

法治是人民当家做主治理国家的形式和保障。在社会主义法治国家，人民是法治的主体，是法律的制定者，法律体现了人民的内在要求。建设社会主义法治国家，是全国人民的共同理想和事业，需要每个人的努力和积极参与。人们对法治的信仰，不仅是在观念上坚决地选择法治，而且要在行动上积极地参与法治的实践，推进法治的逐步完善，在法治实践中不断深化法治意识、提升法治素养。一是引导和鼓励民众积极参与普法的各种宣传活动，激发和形成"我要学法"的氛围。通过丰富和创新普法形式，将传统的"灌输式""单向式"普法转化为"互动式""服务式""场景式"普法。提升人民群众的参与感、体验感、获得感，让法律以群众喜闻乐见的各种形式直接深入人民群众的生活中，形成人人参与普法实践，人人共享普法成果的实践格局。二是拓宽人民群众参政议政的渠道，激发人民群众在国家治理和社会治理中的"主人翁"精神。通过立法、执法、司法活动中的各类调研会、座谈会、听证会、论证会等形式，广泛听取群众的意见和建议，虚心收集"民智"，及时关注社会对执法或司法的实际效果的具体看法、反应和诉求，吸引更多的基层群众积极参与国家的各种法治实践。广大的人民群众也将在法治实践中不断深化对法治的认识，守法护法的积极性和主动性也将得到进一步的提高。可以说，全民法治信仰的提高，全民积极参与中国的法治建设的意识与行动，是中国法治最坚固最可靠的基石，也是法治中国不断发展进步的标志。总之，在我国这样一个历史悠久、人口庞大、国情复杂的国家进行法治建设，毋庸置疑，树立法治信仰、确立法律至上权威是首要的前提。当信仰法治、坚守法治成为全体社会成员的一种自觉时，法治的理想就真正实现了。

第三章

法治与法的价值追求

法治是人类理想的一种政治法律制度模式。"作为一种政治理想，法治已经成为国家治理现代化的切入点，成为超越不同政治制度和意识形态裂痕的普遍共识。它被看成一种普遍善，受到不同社会、文化、经济和政治制度国家政府及其人民的推崇。"① 作为现代文明进程的重要标志，法治不仅是人类文明进步的价值观的重要载体，还是法律崇高价值的守护神。

第一节　法治是一种价值观念和价值追求

两千多年前，古希腊法学家亚里士多德指出："法治应包含两重含义：已成立的法律获得普遍的服从，而大家所服从的法律又应该本身是制定的良好的法律。"② 亚里士多德关于法治的精辟定义已被后世统称为"良法之治"。"良法"之说提出了法治的价值判断和法治的标准问

---

① ［美］布雷恩·Z. 塔玛纳哈. 论法治：历史、政治和理论 ［M］. 李桂林，译. 武汉：武汉大学出版社，2010：2.
② ［古希腊］亚里士斯多德. 政治学 ［M］. 北京：商务印书馆，1965：199.

题。如果没有良法，即使建立了法制或存在法律上的统治，那也不能算实质意义上的法治。换而言之，法治强调不仅是依法治理，而且所依之法必须是良法。这种法治思想后来被启蒙思想家赋予民主、自由、平等和人权等观念加以弘扬和发展，并将之逐步推向政治实践领域，作为法治的价值来追求。

法治乃"良法之治"，它要求法律至上而非权力优位。而法律至上之"法律"必须是正义公平之法，即必须反映社会客观规律和法律主体内在要求，体现人权、人性和人文精神。只有良法才具有至上性，才会被人们服从。恶法非但不具有至上性，还要被废除。人类在进行法学研究或者在法治的实践过程中，在考察和评价法律所记载和体现的现有或可能的价值的同时，还要对现有法律所蕴含的价值予以甄别和考量，从而促进法律价值的良性提升。公平正义、民主人权、平等自由、权力制约等这些人类追求的价值理念必须蕴含于法治之法之中，并通过立法、执法、司法、守法各个相互贯通、相互促进的环节和相关制度来体现和实现。法律的制度设计和创新都应当是为了更好地实现法治的内在价值理念和价值追求。因此，强调法的价值是法治的内在动力，旨在要求制定的法律本身蕴含了人们对社会和未来生活的理想和期盼，能够为社会成员提供共同的价值准则，规范社会主体的行为和实现利益的过程。法律只有与社会普遍认同的政治理想、道德伦理、公平正义、平等自由等理想追求相一致时，法治应有的价值意蕴才能获得社会民众的普遍认同，法治的功能才得到有效的发挥。因此，从本质上讲，法治是一种价值观念和价值追求。

第二节　法治是良法和善治的综合体

　　法治是人类的理想，也是人类的实践。法治是集立法、执法、司法和守法于一体的动态实践过程。在法治实践中，法作为一种社会规范所具有的指引、评价、教育、预测等规范作用，将助力法律关系主体面对未知的未来以及各种冲突与风险。现代法治社会内在要求法律必须具有崇高的价值性，并以之作为法的精神来追求。法的价值就是法这个客体（制度化的对象）对于满足个人、群体、阶级、社会需要的积极意义。一种法律制度有无价值、价值大小，不仅取决于这种法律制度的性能，也取决于一定主体对这种法律制度的需要，取决于这种法律制度能否满足一定主体的需要以及满足的程度。① 法的价值包含两方面：一方面指法在为社会经济、政治、文化等方面所起到的调整和促进的作用；另一方面指法所固有的满足主体需要的价值。这两方面缺一不可。法律作用是法律价值的重要体现，但并非法律价值的全部，若离开主体需求则法律价值就无从体现，法治离不开主体对法律的期望、认知和认同，法的价值是客观性与主观性的统一。

　　作为权利和义务的统一体的法律，一方面，法律作为一种社会规范，是保障和维护社会秩序有序运转的一种重要手段。法律通过特定方式把人们活动规范限制在一个能够满足各种需要的范围内，防止权力的滥用与自我膨胀。这样人们的自由选择便会受到一定的限制，而这样的限制在一定意义上是人们特定的义务。另一方面，现代民主统治更注重

---

　　① 莫敏. 法治：必然、实然与应然［J］. 广西社会科学，2001（6）.

主体权利的保障，而义务的创设从一定意义上说为了更好地强化和保障主体的权利的实现。法治是一个保持内在一致性的综合体。法治是社会经济和民主政治的产物，体现了社会主体的普遍需求与意志，具有严谨的体系、完备的内容。法治的各种制度、机制的设计与运行都蕴含着一定的社会基本价值，是社会基本价值理念的体现与实现。中国的社会主义法治，就是要通过体现人民意志和利益的法律来管理国家和社会，规范政府权力，保障公民权利，发展科学教育，保证国家的长治久安。因此，依法治国首先要落实在确立权利本位的目标取向上，正确处理公民权利和国家权力的关系，强调法治的根本要素限制权力，要求权由法中产生，法律高于权力，政府只能行使法律赋予的权力，依法行政，"守法统治"；通过对公权力的严格限制，法治保护社会与公民免受任意的政府行为的干预和侵犯，维护人的自由和尊严。

第三节　公平正义是法治的重要价值追求

"理国要道，在于公平正直。"公平正义是政治社会中价值体系追求的一个至高目标，亦是一切社会规范的重要的价值内容和价值目标。人类自法创制以来，对法的制定和完善都离不开公平正义这样的价值属性。中国古代称"法"为"灋"，喻示法如水一样平，是为公平、公正。罗马法学家塞尔苏斯说"法律是善良公正之术"。在西方，许多西方思想家都已形成一个共识：法律应当以公平正义等价值理念为其正当性的来源，并且以实现公平正义作为其主要目标。① 正如约翰·罗尔斯

---

① 王利明. 法治：良法与善治［J］. 中国人民大学学报，2015（2）.

在《正义论》中所指出的："正义是社会制度的首要价值，正像真理是思想体系的首要价值一样。"① 公平正义是法律的基本价值。法治不仅要求完备的法律体系、完善的执法机制、普遍的法律遵守，更要求公平正义得到维护和实现。法律规范更是力求将公平充分体现和渗透在自身的规范结构之中；公平正义还被现代法律作为衡量良法与恶法的一个重要标准。公平正义一直以来都是我们党追求的一个崇高价值目标。我国当代改革开放的总设计师邓小平指出"公民在法律制度面前人人平等，党员在党章和党纪面前人人平等，谁也不能占便宜，谁也不能犯法"；党的十八届四中全会提出：建设中国特色社会主义法治体系"要恪守以民为本、立法为民理念，贯彻社会主义核心价值观，使每一项立法都符合宪法精神、反映人民意志、得到人民拥护。要把公正、公平、公开原则贯穿立法全过程"。党的十八大以来，习近平总书记高度重视维护和促进社会公平正义，提出"公正是法治的生命线"，明确"不论处在什么发展水平上，制度都是社会公平正义的重要保证"，强调"司法是维护社会公平正义的最后一道防线"，要求"努力让人民群众在每一起案件办理、每一件事情处理中都能感受到公平正义"。② 公平正义是法律应有的坚实的价值根基。如果法律自身缺乏公平正义，平等、自由等一系列原则就成了一纸空文。而且，尽管法律的权威性也来自法律的国家意志和法律的强制性，但法律真正的权威性更在于法律的内在力量，即法律本身对主体价值需求的反映和满意程度。如果法律没有反映主体必要的社会价值需求，那么法律就缺乏令人信服的影响力，权威性也就无从谈起了。因此，无论是立法活动、执法活动还是司法活动，都必须以人民群众的根本利益为出发点，都必须反映广大人民的意志与愿望，

---

① ［美］约翰·罗尔斯. 正义论［M］. 何怀宏，何包钢，廖申白，译. 北京：中国社会科学出版社，2005：3.

② 习近平. 论坚持全面依法治国［M］. 北京：中央文献出版社，2020：5.

体现广大人民的情感与要求，切实维护人民群众的正当利益。唯有如此，才能让人民群众发自内心拥护法治、信仰法治。

中国是个尚处于社会主义初级阶段的发展中国家，法的公平必须与现实经济发展状况相一致，人们注重的是公平在内容和形式上是否相统一。法内容上的公平，是以国家强制力保障的具体法律规范，来保证一切主体获得平等的权利、均等的机会。并采取各种法律措施，促使结果趋于公平、合理。法形式上的公平，就是实现诉讼公平、程序正义，要求无论是司法还是执法，都要严格按照公平合理的程序进行操作。美国法学家 J. 霍尔认为法是"秩序与正义的综合体"。公正合理的程序和相应娴熟的技术是法治的重要基石，它们既是法律价值的充分体现，又是深刻的法律实践。作为法律程序的具体方式、方法和步骤，只有达到公正合理，才能有效遏制司法人员或执法人员的恣意与随意，进而保证程序正当、效率公平相兼顾。如果说法律程序缺乏公正与理性，以及实体法律的不可诉，是中国"无诉"与"耻于诉讼"传统观念重要根源的话，那今天它仍是导致执法不公、执法不严以及不作为、乱作为、层层加码等问题的重要因素。随着社会主义市场经济的建立和完善，确立操作性强的公正合理的法律程序，更具有现实性和紧迫性。总之，公平正义是社会主义法治的价值追求。社会主义法治的最高层次是一种信念，出于对人对社会的终极关怀，这个价值目标的实现，并非徒具理想，更非空想。它的实现是一个永无止境的渐进过程。因此，重视法治价值的建构，强调法的价值的追求，必将使中国的法治进程更具有创新性和生命力。

第四章

社会法治信仰的培植与普及

第一节　法治信仰是现代法治化不可或缺的精神基石

"全面推进依法治国，建设有中国特色的社会主义法治国家"是当代中国的治国方略和理想目标，是社会文明进步的重要标志，是国家长治久安的重要保障。

在 14 亿的人口大国全面推进依法治国是一项艰巨而复杂的系统过程，是一场广泛而深刻的革命。习近平总书记强调："治理一个国家、一个社会，关键是要立规矩、讲规矩、守规矩。法律是治国理政最大最重要的规矩。"① 改革开放以来，我国在法律制度的建设方面已取得了巨大成就，法治建设正在不断向前发展。然而，正如明代张居正所言，"天下之事不难于立法，而难于法之必行"，依法治国重在"法之必行"。法律作为静止的规范是不会自动发生作用的，不仅需要执法者严格执法，而且需要公众具有积极的守法精神和良好的社会法治环境。人

---

① 习近平.2014 年 10 月 23 日在党的十八届四中全会第二次全体会议上的讲话.

是社会的主体，制度再完备，最终还要落实在人身上，靠人来执行，而完善的法律制度不仅需要人们服从更需要人们自觉地遵守。因此，个人乃至社会法治信仰的程度，在很大程度上影响着依法治国的进程，有时甚至起着关键性的作用。"法律必须被信仰，否则形同虚设"①，中国的法治大厦需要法治信仰这个精神支柱来支撑。

一、法治信仰是法治社会形成的精神支柱和动力

纵观人类政治文明史，法律信仰并非现代的产物。早在古罗马时期，罗马法学家不仅建立和发展了完备的私法体系，而且还把法提升到伦理理性的高度加以褒扬，认为"法是善良和公正的艺术"②，把法与善、公平、正义等伦理范畴等量齐观；同时，他们十分重视从社会文化伦理角度解读法的精神本质，认为伦理是深藏在实在法背后的最高价值本位，从而在社会生活中确立了法律至上的地位，对当时城邦自由民从事商品经济的活动起到有力的推动作用。毋庸置疑，法学家们对法律精神的崇尚，适应了当时经济发展的需求，很大程度上激发了城邦人民对法律的崇高情感，推动了法律信仰的形成。而这种信仰的产生，又无疑促进了当时城邦社会法治精神的形成，加快了罗马城邦国家告别原始氏族共同体的人治模式，进入依法而治的法治化的历史进程。古希腊、古罗马的法治思想、自然法系说，被近代资产阶级的法治理论所革新弘扬。近代西方启蒙思想家从平等、公正、自由、民主等方面对法治进行深入的阐述和发扬光大。他们所发起的各种思想文化运动，都以各种形式公开倡导"自由""平等""博爱""天赋人权""法律至上"等思

---

① ［美］哈罗德·J.伯尔曼.《法律与宗教》［M］.梁治平，译.北京：中国政法大学出版社，2003：8.

② ［罗马］乌尔比安.《民法大全选译·正义和法》［M］.黄风，译.北京：中国政法大学出版社，1992：34.

想。在这些运动中提出的一些纲领和口号，无疑为后来的资产阶级的法治化提供了深厚的思想基础。促成了西方法治国家的形成。

纵观古罗马和西方国家的法治历史可以看出，社会公众法律信仰的培植对于一个国家的法治化的形成具有非常重要的意义。法治社会的建立，不仅要有一整套完备的法律制度，而且还在于其社会公众具有牢固的法律信仰。法治需要法治信仰的支持，法律信仰是法治社会形成的精神支柱和动力。

二、法治信仰的培植是法治的内在需要

中国社会主义法治是良法与善治有机结合的综合体。法治所蕴含的公平正义等社会基本价值契合主体的普遍、一般的需求。这些价值观念亦是法治建设中各种制度、机制设计的基本依据。党的二十大专门部署"在法治轨道上全面建设社会主义现代化国家"。对法治具有坚定的信念，是法治得以实现的关键。

首先，国家要实现法治化现代化，在很大程度上取决于社会公众能否真正接受现代法治的观念，是否对法治具有真诚信仰和皈依感。若社会公众缺乏对法律的信仰，法律就会丧失权威性，法治就会沦为人治，法治就将成为一句空话。

人类法制史表明，法律不仅仅是一种制度、一种秩序和一种统治工具，更重要的是，法律本身具有公平正义的价值，代表了一种理想信念和文化力量。人类必须有自己的精神家园，必须对法律有信仰。而只有当外在的法律诉之于人性，符合人的心理或情感，人们从内心敬重法律和信仰法律时，法律才能发挥其在社会生活中应有的维护社会公平正义的作用。有了法律信仰，法的精髓才能融化并深深地扎根于人们的心灵，立法者才能科学立法，守法者才能自觉守法，执法者才能公正执

法，法的价值和功能才能得到真正体现，法律才能具有至上的权威。

所以，法律信仰是社会主体在生活中对法的现象理性认识的基础上油然而生的一种神圣体验，是对法的一种心悦诚服的认同感和皈依感，是人们对法的理性和激情的升华，是主体关于法的主观心理状态所上升的境界。在现代社会中，社会公众对法律与法治的信仰，绝不是一种盲从，而是主体自主的、理性的选择的结果。

其次，社会公众对法律的信仰是现代法治的精神意蕴的基石，是整个社会法治精神形成的重要保证。但需要指出的是，法律是法治的载体，人们对法律的信仰是法治信仰的前提，只有在这种信仰的基础上，人们才能形成良好的法律意识和法治观念。人们信仰法治也就是认同作为法治载体的法律所蕴含的自由、民主、平等、正义等价值要素，相信法律具有至上的权威，认可法律是社会中最高的行为准则；认为法律反映了全体人民的共同意志，是人民当家做主治理国家、行使民主权利的保障。

三、法治信仰是中国法治现代化的精神基石

一个成熟的法治社会，至少应具备两个要素：一是良好的法律；二是对法律的普遍服从，即完备的法律制度和自觉的守法精神。如果缺乏社会公众对法律的信仰和尊重，那么，再完善的法律制度也无法促成一个国家法治精神的形成。法治信仰不仅需要社会公众对法治有坚定的信念，坚信法律的至上权威，坚信法治是治理国家和社会的最佳选择，而且还要求社会公众有积极的守法精神和积极参与法治建设的意识。

守法精神主要体现在社会大多数权利主体对法律的自觉遵守，这是法治的一种理想境界，是现代法治建设追求的主要目标。积极的守法精神首先表现为护法精神。护法精神要求政府应要严格地遵守法律，一切国家权力必须依法行使；法律赋予公民的一切权利必须依法实现，不得

触犯法律和违反法律。其次是自觉履行义务的精神。维护国家法律制度的严肃性和权威性，是每个公民义不容辞的责任。公民不仅是人权、自由和民主权利的主张者与维护者，同时，也应当是自觉以理性精神和法律意识进行自我约束的自律者。更重要的是，这种守法精神完全是出于守法主体对法律自觉自愿的尊崇、信任和服从。在法律规定的情形下，他们会依据法律的激励和指导，积极履行法定的义务；在没有明确的法律规定时，也同样能够遵从法律的精神自觉地规范自己的行为，使之符合法治的本意。

"法治不仅是一种治国方略，从精神层面上讲，它还是一种观念，一种意识，一种视'法'为社会最高权威的理念和文化。只有这种观念与意识成为一种普遍的社会信仰，并支配着社会主体的行为时，法治才能实现。"① 人们对法治的信仰，不仅体现在观念上坚决地选择法治，而且体现在行动上积极地参与法治的实践。只有当社会大众在实践中不断深化对法律的认识和理解，形成新的法治观，并对法律产生高度的认同时，才会真正从内心对法律产生信任和尊重。这种社会公众的法律情感是构造法律信仰和培育现代法治精神的沃土，也是法治坚不可摧的精神基石。

第二节　现代法治信仰的培植

法治的进步，依赖于全社会民众的法治信仰和法治素养的养成。作为现代社会法治化的精神基石的法治信仰，是现代法治的各个环节有效

---

① 张雪筠. 我国法治之路的精神分析 [J]. 山东法学，1999（2）.

运行的必不可少的思想基础。

从改革开放开始，特别是党的十五大以来，我国法治建设取得了有目共睹的成效。法治精神逐渐深入人心，特别是公民的法治意识有了很大的改观。现代法治意识已逐渐养成，如主体平等意识、权利义务意识、守法意识等都有了很大的提升。不过和当下不断深化的社会主义改革和人民群众对美好生活的需求与期待相比，我国国民的法治信仰状况还不尽如人意；甚至还面临许多不适应等问题。首先，受我国数千年的政治传统和法律传统文化的影响，权力至上、专制特权、义务本位等与现代法治精神相悖的消极的法律观，还在一定程度上影响着人们的思想。在法与权的较量中，有时还是权主"沉浮"；由权力滥用而滋生的腐败现象时有发生，特别是司法腐败的出现，更增加了法治建设的难度。很多普通公民只知法律的强制性，而不懂法律的权利性，不懂用法律来为自己维权；处理矛盾或纠纷时，法律有时还不是人们优先选择的解决方法，人们还习惯认为"关系"或者"信访"或者采用隐忍的方式解决问题更有效。在现实生活中，被动或消极守法的现象还较常见。其次，在立法领域，有的法律法规还未能准确反映社会的客观规律和人民群众的利益和愿望；有的法律法规还未能根据当前形势变化及时进行废、改、立，解决实际问题的有效性、针对性、可操作性不强；一些新兴领域、重点领域的法律法规还适应不了社会和经济发展的需要，使得法律价值很难转化为主体价值所追求的目标。再次，在执法过程中，失职、渎职、滥权、越权和以权谋私等现象还时有发生，在一定程度上削弱了法律的权威，影响了人民群众日益增长的法律期望值。这些观念和严峻的社会现象，反映了在我国社会现实中的法治理想与人们的期待还存在一定的差距，表现出人们对法律还缺乏充分的信仰，表明现代法治所需要的法律至上的观念等观念还没有真正深入人们的内心。因此，在中国法治建设进程中，如何消除法治进程的障碍和阻力，培植和提高我国公民的法治信仰是时代的要求和历史的重任。

一、全民普法是培植公民法治信仰的一条最直接有效的途径

中国是发展中国家，由于区域差异、城乡差异、领域差异和个体差异等原因，人们的文化素质和法律素质都存在很大的差异。特别是在基层农村中还有相当部分的村民文化素质和法律素质较低，要提升14亿人口的法律素质和法治素养，全民普及法律教育这一途径是最切实有效的。实践证明，从1986年党中央宣布全国普法开始到现在的"八五"普法，经过三十多年深入扎实的法制宣传教育和法律知识的普及，全民的法律知识和法律素养有了很大的提升，法律意识逐渐深入人心，法治观念明显增强，法治信仰的种子已播撒在人们的心中。

现在，中国已开启高质量发展的新征程，提升公民的法治素养和依法治理的有机融合是新时代的要求。"普法工作要紧跟时代，在针对性和实效性上下功夫。"① 普法要有针对性和实效性，一是要针对不同普法主体的不同需求有针对性的普法。对不同职业、行业，不同的文化层次、不同的年龄的公民，采用最贴近他们的生活的方式进行法律宣传。把社会关心和关注的热点难点问题作为重点进行普法，必然会提升普法工作的吸引力，更为社会公众欢迎和接受。二是改革和丰富普法的形式，将传统的"灌输式""单向式"普法转化为"互动式""服务式""场景式"普法，采用线上和线下相结合的方法，将普法知识编排成快板、小品、相声、歌舞、短视频、微电影、动漫等形式，进行宣传和普及。普法越贴近人民群众的生活就越精准，越有实效。特别是当当行政相对人、案件当事人或社会公众遇到的具体法律问题或需要法律帮助时，能及时为他们释法析理，提供相应的法律指导和法律服务，他们就

---

① 习近平. 2020年11月16日在中央全面依法治国工作会议上讲话.

会感受到法律的力量和法律的温度，他们就会尊法学法守法用法，普法便拥有了深厚的群众基础。三是落实"谁执法谁普法"的普法责任制，实现在每一个立法、执法或司法的全过程普法。立法、执法、司法与法律服务的过程，就是人民群众切身感受和认识法律的过程。

二、科学立法、严格执法、公正司法、全民守法每一环节都是培育公民法治信仰的重要过程

法治是集立法、执法、司法和守法于一体的法治实践过程。全面推进科学立法、严格执法、公正司法、全民守法，是建设社会主义法治国家的重要环节。法治实践的过程实质就是人民群众认识、感受和认可法律制度的公平和正当合理性的过程，亦是人民群众对法治信仰的养成过程。推进科学立法是为了确保所立之法是"良善之法"；推进严格执法是要让体现人民意志的法律得到严格实施；推进公正司法是为了守护社会的公平正义，惩恶扬善；推进全民守法，是为了推动全民尊法学法守法用法，形成优质的法治环境。现在人民群众对公平正义的期待越来越高，对执法过程和执法程序的要求越来越高。大量社会矛盾的产生，与办事程序不规范、违反权限办事有很大关系。而解决立法、执法、司法、守法等领域的突出矛盾和问题的过程，就是彰显法律权威的过程，是提升人民群众对法律的尊崇和信任，是最接地气、最有说服力的法制宣传教育过程，是为"信仰法治"夯实基础的过程。

三、法律教育是培植法治信仰的智力支撑

毋庸置疑，良好的制度设计、严格的执法、公正的司法对彰显法律权威、培育公民法治信仰具有重要的意义。但我们还须清醒地认识到：信仰作为一种人生精神方面的支柱，人的内在素质是其不可或缺的精神

基础。无论是立法、执法、司法还是守法，归根结底都取决于人们的内在素质，取决于人对法治精神的认知和理解。法治现代化的核心就是人的现代化。因为"从现代化的角度而论，社会的现代化首先是人之现代化，一个没有实现人的精神实质和人格特质现代化的民主绝不可能实现社会的现代化"①。所以从这个意义上说，法治现代化首先是"人的法律观念、意识的现代化，是作为现代社会主体的广大公民现代法律意识的建构、塑造和完善"②。而要实现人的现代化，教育是关键。"教育成为了现代社会的基本支点，无论是经济的发展，科技的发展，还是文化和政治的发展，都需要教育提供满足其发展所需要的人才，否则社会的各方面发展几乎是不可能的。只有受过特定教育的人，才能满足其发展所需要的人才。"③

教育的目的是提高国民综合素质，而法律教育则直接关系到国民法律素质的提高。现代法律教育，不论是普法教育、法律职业培训、法律专业教育，还是各行各业和社区的法律教育活动，都必须通过传授专业的法律知识、科学的法治观来培育公民的法治观念、法治意识和法治信仰。要使全社会各行各业的人员都具有较高的法律素养、坚定的法治信仰，具有一种积极、主动参与法治建设的热情和精神。法律职业群体除了拥有精湛的专业知识外，还须有一种为追求社会公平正义而为法治献身的精神。

在推进全民普法教育的同时，重点抓青少年的法治教育和法治工作队伍的培养。

（一）将法治教育融入义务教育，增强青少年的法治观念

建设社会主义法治国家是千秋伟业，需要一代又一代人的共同努

---

① 刘旺洪. 依法治国与公民法律观念 [J]. 法学家，1996 (5).
② 刘旺洪. 依法治国与公民法律观念 [J]. 法学家，1996 (5).
③ 尚凤祥. 现代教学价值体系论 [M]. 北京：教育科学出版社，2006：8.

力。青少年是国家的未来，他们的法治观念、法治素养、法治信仰将极大影响到社会主义法治建设的大业。习近平总书记要求："要坚持法治教育从娃娃抓起，把法治教育纳入国民教育体系和精神文明创建内容，由易到难、循序渐进不断增强青少年的规则意识。"① 中央宣传部、司法部、教育部均专门就加强青少年的法治教育进行战略部署，推进青少年法治教育规范化。通过学校、政府、家庭、社会组织多方联动合力，广大青少年将从小养成学法尊法守法用法的思维习惯和行为方式。随着他们对法治的认识越深刻，对法治的情感越丰厚，他们对法治的信仰就会越坚定。

（二）高素质的法治工作队伍是法治信仰培植的重要推动者

高素质法治工作队伍是经过专门法律教育和职业训练、具有扎实的法律知识背景、严谨的法律思维方式和坚定理想信念的法律职业群体，是法治实践的主要推动者和实施者。习近平总书记指出："全面依法治国是一个系统工程，法治人才培养是其重要组成部分。法律的生命力在于实施，法律的实施在于人。建设法治国家、法治政府、法治社会，实现科学立法、严格执法、公正司法、全民守法，都离不开一支高素质的法治工作队伍。法治人才培养上不去，法治领域不能人才辈出，全面依法治国就不可能做好。"② 因此，要提升高素质法治工作队伍的职业素质与专业水平，发挥他们在社会的感召力和影响力，一是要不断增强法治工作队伍的思想政治素质，树立科学的法治观和坚定的法治信仰，对党、国家、人民、法律忠诚担当，同时还要具有积极、主动参与法治建设的热情和精神，有一种为追求社会正义而献身于法治的信念。二是要善于学习，不断提升专业素养和专业拓展力。法治实践的特殊性，在于

---

① 习近平.2014 年 10 月 23 日在十八届四中全会第二次全体会议上的讲话.

② 习近平.论坚持全面依法治国［M］.北京：中央文献出版社，2020：174.

知识、技能和能力都需要不断地更新和提高。除了过硬的专业素质外，还要具有跨学科跨领域、善于破解实践难题的能力；通晓国际法律规则，善于处理国际法律事务的能力。因此，要坚持培训与自修相结合，通过定期或不定期举办"形势与政策""前沿知识讲座""新法学习与培训"等讲座与培训，不断提升专业素养与能力。三是要带头尊法学法守法用法，不断提升法治素养，为其他社会成员起到示范引领作用，推动法治成为全社会的共同信仰。总之，实行依法治国，建设社会主义法治国家，首先必须唤起社会成员内心对法治的信赖和尊重的炽热情感，并在法治实践中进一步培养他们对法治的忠诚信仰，进而将这种内生性的法治信仰化为一种民族的精神。当法治成为全社会的共同信仰时，法治的理想才能真正地实现。

第三节 执法者的法治素质和法治

"深化行政执法体制改革"，这是我们国家开启新时代新征程后，党中央在党的二十大报告中为了进一步提升行政执法效能，全面推进依法治国所提出的重要改革举措。依法行政是实施依法治国方略中重要的组成部分。在整个国家执法领域中，行政执法在实施全面依法治国的方略中占有非常重要的地位，是依法行政的重要载体，是推进法治政府建设的关键环节。

随着社会主义改革的不断深化、社会主义法治建设的不断推进，人民群众的法治意识不断提高。人民群众不仅期待执法机关和执法者严于执法、公正执法，更希望文明执法、有温度的执法。特别是近年来人民群众对执法不公、执法不严、执法不力等问题，强烈要求加大督查和监管，更体现了人民群众对依法行政的新要求新期待。这些期待和要求对执法机关和执法者提出了更高的要求和更高的标准。古语云："徒善不足以为政，徒法不能以自行。制而用之存乎法，推而行之存乎人。"法治的实施主要是通过人来实现的。执法者是行使国家公权力的人，是全面依法治国的组织者、推动者和实践者。能否实现良法善治，关键在于执法之人。因此，一个国家治国理政的成效很大程度上取决于执法者的法治素养和执法者运用法治思维和法治方式解决问题的能力，取决于执法者的是否真正执法为民。

一、尊崇宪法和法律权威，提升执法者的法治素养

法治社会的根本特征是法律权威的至上性。法律至上这一原则要求，在一个实行法治的国家，以宪法为核心的法律拥有至高无上的权威。任何个人、任何集团都不能凌驾于法律之上，即使执政党或国家元首者，也必须服从法律，并依据法律治理国家。即它要求确认法律在实现社会治理和国家管理中的权威性，法律成为规范社会的最基本的方式，是法律至上而非权力优位。我国现行宪法以法律的形式，宣告宪法"是国家的根本法，具有最高的法律效力"。确立了宪法至上的权威。习近平总书记要求我们的领导干部："都要牢固树立宪法法律至上、法律面前人人平等、权由法定、权依法使等基本法治观念，对各种危害法治、破坏法治、践踏法治的行为要挺身而出、坚决斗争"。① 经过三十多年的普法教育和和法治实践，人们的法律意识和法律素质有了很大的提升，宪法和法律的权威在不断增强。但在现实生活中，违宪和违法现象还时有发生。一些个人、组织和行政机构的权威高于法律的权威，有些执法者"以言代法""言出法随"，"权大于法""关系大于法"的现

---

① 习近平. 2015 年 2 月 2 日在省部级主要领导干部学习贯彻十八届四中全会精神全面推进依法治国专题研讨班开班式上的讲话.

象在实际生活中还时常可见；违宪审查和监督机构未能真正有效地发挥作用。随着人民群众法治意识的提高，不仅要求执法机关和执法者严于执法，同时还要求执法者善于执法；越来越多的人民群众认为执法过程和执法程序的规范性、严谨性、高效性的标准越高，就越能体现社会的公平正义。江泽民同志指出："法者，国主权衡也。——若执法人员不能秉公执法，甚至执法犯法，贪赃枉法，群众就会失去对法律的信任，进而失去对党和国家的信任。"① 党的十八大报告多次强调要更加注重发挥法治在国家治理和社会管理中的重要作用；提高领导干部运用法治思维和法治方式深化改革、推动发展、化解矛盾、维护稳定能力。因此，在观念上，执法者要树立正确的执法观，彻底改变人治观念，不断提升法治素养，提高运用法治思维和法治方式能力。形成遇到问题找法的思维方式，养成解决问题用法的工作方式。对于现代法治社会而言，法治的本质是"民治"，是人民当家做主治理国家、行使民主权利的形式和保障。因此，我们的执法者必须摒除"法律是管理老百姓的工具"的观念，树立一切为了人民的思想。树立宪法和法律至上的理念，将尊重人和保障人权作为基本点和落脚点，使一切公共权力受到更多的限制和约束，人的价值和尊严得到更多的重视和保障。在实践上，从严治政，依法行政，务实、高效，努力提高执法者的执法水平和执法治理能力。在执法中真正体现人民群众是国家主人，一切权利属于人民的法治精神，把对民众权利的保护置于核心地位；依法办事，公正执法，杜绝百姓痛恨的徇私枉法现象，让人们能真正享受到法治的成就感和获得感。同时，作为执法者还须主动适应新时代全面依法治国的新形势新要求，从严治学、尚学、增智、更新知识，牢固树立为人民服务的强烈意识，增强为人民服务的过硬本领。

① 江泽民. 在中纪委第八次全会上的讲话——大力发扬艰苦奋斗的精神［N］. 人民日报，1997-05-16.

二、遵循法律平等原则，善用法治思维执法

现代法治的另一重要原则是法律面前人人平等。它要求，实行法治，就要以普遍有效的法律作为社会治理的主要方式。任何人，不论其民族、性别、阶级、财产、地位、政治信仰和宗教信仰为何，在法律面前都拥有平等的身份和机会，都必须遵从法律。因此，无论是司法执法者还是行政执法者，在法律适用活动或在行政活动中，无论是在实质上还是在程序上，都必须严格遵循法律的规定，依法行使职权，公正执法。作为一个国家法治实践的组织者、推进者和实践者，决定了执法者在行使公权力时应善于运用法治思维执法。即依据法治的精神，从法律法规和政策的原则与规范研判问题，坚持以人民为中心的角度去考虑问题，严于执法、规范执法、文明执法。在公权力的行使中，倡导善用法治思维执法，是因为"人们不再满足于机械地制定法律和执行法律，而是希望法律在运转过程中，更能体现人民的意志，更能体现法治化的思维方式，更能实现法律的各种价值诉求"。① 合法行政和合理行政是行政法的基本原则。合法行政，包括法律优先和法律保留，即所有的行政活动都不能违背现有法律的规定，所有的行政活动都只有在法律授权的范围内进行，越权无效；合理行政，包括公平公正对待、考虑相关因素和符合适当比例。合理行政原则要求行政机关在适用法律裁量行政时，必须公正、适度，必须体现法律的公平正义价值。但由于现代社会生活的复杂多变，行政事务的纷繁复杂，合法但不合理或合理未必合法的情况大量存在。因此，行政机关在行使公权力的过程中，在遵循现有的法律规范的同时，还应从法治的理念、精神和原则

---

① 周叶中．领导干部必须牢固树立法治思维［J］．山东干部函授大学学报（理论学习），2019（9）．

的高度进行考量，提升合法行政行为的合理性，使行政行为不仅合法同时还需合理。如此，2022年发生在陕西榆林"卖5斤芹菜遭罚6.6万元"的天价罚款这类案件才不会重演。法律才会更有温度和力量。"仅仅在一般层面上符合法律规范并不是一件难事，而在深层次上让公权力行为与法治的精神与原则相契合，则需要更高层次的法治修养"。① 如此，善用法治思维执法，还意味着执法者必须以其严肃认真而又积极慎重的态度行使自己的职权。因此，严格执法，依法办事，既是法治的基本要求，也是执法者的职责；同时又是对执法者的守初心、担使命的一种道德要求。

三、规范使用权力，保障人民权利的实现

人权与自由，在人治条件下是无法真正做到的，是适应并体现法治要求的另一重要原则。现代法治在政治意义上，就是要凭借法律的至高无上特性，制约和限制掌控国家机器者权力，使人民免于主政者专断和独裁的侵害，充分保障每个人的权利与基本自由的实现。因此，依法治国最终落实在确立权力本位的目标取向上，正确处理好公民权利和国家权力的关系。作为现代法治精神重要层面的行政法治的基本内涵，是政府的一切行为都必须依法进行，制止行政权滥用，从而切实保障人民的自由权，有效地维护法律秩序。"行政权的行使应当遵循职权法定，法律保留，法律优位，依据法律、职权与职责统一的原则。"② 在制度层面上必须严格规范政府行为；在操作层面上必须建立公正合理程序；在观念层面上必须建立权利本位取向。于政府而言，就是强调以法治权，规定政府和政府工作人员在宪法和法律规定程序和方法运作，依法行政

---

① 周叶中. 领导干部必须牢固树立法治思维［J］. 山东干部函授大学学报（理论学习），2019（9）.

② 应松年. 依法行政论纲［J］. 中国法学，1997（1）.

切实有效地保护公民权利，促成依法管理秩序机制和社会提供服务机制的形成。使政府有限的权力产生高水平的社会效益。同时，针对我国体制的不健全，而导致权力的过于集中和权力监督的空位的特点，通过制度建设，健全和完善监督和激励机制，实行权力谦抑，消除渎职与腐败的深层诱因。从根本上防治渎职犯罪，铲除腐败，从而营造良好的法治环境，保障公民权利的实现。牢固树立执法为民的理念，不断完善执法制度体系，规范执法程序，对直接损害人民群众合法利益的执法不力、执法不严、执法"寻租""一刀切"以及不作为、层层加码等突出问题要加大力度从根本上解决。正如习近平总书记强调的："要加大行政执法力度，对群众反映强烈、社会舆论关注、侵权假冒多发的重点领域和区域，要重拳出击、整治到底、震慑到位。"① 执法部门和执法者依照法定职权和法定程序代表国家实施法律，执法者的执法行为覆盖了整个国家执法领域，是国家治理体系的重要组成部分。执法行为，一方面承载着法律的权威和政府的重托；另一方面寄托了人民的期待和信任，与人民群众的切身利益息息相关。"凡法事者，操持不可以不正。"只有坚持执法为民、规范用权，才能真正实现严于执法、公正执法、文明执法。

"法者，天下之准绳也。"尊崇法治、敬畏法律，是每一个执法者应当拥有的基本素质。在中国这样一个人口众多经济发展不平衡的发展中国家进行法治建设，其艰巨性和复杂性是空前的。其中执法者的法律素质和执法水平对法治建设的成效具有尤其重要的意义。法治国家的真正标准，在于主政者和全体公民是否拥有深厚的法律精神和现代法治理念。每一个执法者都应该是"知法于心，守法于行"的典范。因此，在法治建设的新形势下，锻造一支具有良好的法治素养具有高水平执法

① 习近平. 2020 年 11 月 30 日在十九届中央政治局第二十五次集体学习时的讲话.

能力的执法队伍是新时代的迫切需求。执法为民，捍卫公平正义，不断提高运用法治思维和法治方式的能力推动法治强国建设是执法者的应有之义。

第五章

现代社会法治与德治的辩证关系

第一节 法治：必然、实然与应然

"法治"一词在汉语中最早见于先秦诸子文献，如《商君书·任法》中有"任法而治国"。《韩非子·心度》中有"治民无常，唯以法治"。"法治"在英文中是"ruleoflaw"，在德文中是"rechtsstaat"（法治国家）。现代中文和"法治"近义的还有"依法治国""以法治国""法治国家"等。

法治的含义至少包括这几个方面。

（1）法治即"法律的统治"①，是与"礼治""德治""人治"等相对应的一种治国方略。它要求确认法律在实现社会治理和国家管理中的权威性，法律成为规范社会的最基本方式，是法律至上而非权力优位。

（2）法治是法的价值观念和相关制度设计的综合体。法治乃"良

———————————————

① ［古希腊］亚里士多德. 政治学［M］. 北京：商务印书馆，1965.

法之治"，法治之法必须蕴含特定的价值理念（如人民主权、尊重和保障人权自由、权力的有效制约、法律面前人人平等、程序正义等），并通过相关制度和机制（如立法、执法和司法制度、人权保障制度等）展现出来。法律的制度设计和创新都应当是为了更好地实现法治的内在价值理念。

（3）法治是在严格依法办事基础上形成的一种秩序类型。法律秩序和民主制度相联系，与专制相对立。它是在民众积极理性地参与下，为有效约束国家权力而生成的，是一种积极开放的秩序，体现了自由与秩序、法律信仰与自由批判、理想与现实的统一。①

社会主义法治是一个具有内在一致性的综合体。从法治的必然方面看，法治是建立在事物客观规律之上的主体的普遍、一般的需求，是市场经济、民主政治和多元理性文化发展的产物。从法治的实然方面看，法律要具有一般性、公开性和可诉性，法的体系要结构严谨、内部和谐、内容完备，依法行政，司法独立公正，公民积极守法。从法治的应然方面看，法治总是蕴含着对一定社会基本价值的追求。这些价值理念事实上是法治的灵魂，是各种制度、机制设计的基本依据。

法治之必然

从人类认识系统看，法是建立在客观规律之上的主体的普遍需求，即是客观规律和主体需求的特殊的对应关系。因此，"法"必须以"理"的价值性内容为旨。法律作为由社会公权组织创制、由公权强制力和主体自觉自愿的法律意识保障实施的社会规则，则是"对应关系"的表达和体现。例如没有信息化的发展，就不可能有网络立法的提出与实践。法律作为主体主观需求的产物，必须尽可能反映客观规律（这

---

① 王人博，程燎原. 法治论［M］. 济南：山东人民出版社，1989.

是决定法律本质的重要一面）。过去由于没有正确理解法和法律的关系，人们往往把法归结为法律，夸大了国家权力的作用，以为法单纯是出自国家权力的东西，忽视去探索把握一定社会生活的需要，忽视法的内容。这导致既误读了法律的客观性，又难以正确认识法治之必然①。

古代法律是建立在自然经济、专制政治和一元文化基础上的一种法律形态，而现代法律则是市场经济、民主政治和多元化的产物。

1. 市场经济条件下，价值生产的单一性要求推动着分工和流通的发展，奠定了主体自主性的物质基础，并更有利于生产的发展，而价值实现的全面性要求实现人与人之间的人格平等和意志自由。

随着对自然经济条件下主体普遍依附性的彻底反叛，以自主和平等代替奴役和身份特权的过程，深刻地孕育着主体将其稳定化、规范化、普遍化的需求，从而推动了法制的深刻变革。以民商法为核心的调整平等经济关系的法律由此而生，并很快推向市场化的社会和国家。而全球化中国际惯例和规则的形成和推广，以及建立新的国际经济和政治秩序要求的高涨，无疑在更深更广的层面说明了市场经济成长的法治化内在要求。

2. 市场经济的发展，构造出一个根本不同于自然经济的政治结构模式——民主政治。

民主政治不仅和现代法律有相同的主体价值基础（即人格平等、意志独立和行为自主等），而且强调社会和国家、权利和权力的可分性和制约性，使法律成为统治之法、法治之法。

3. 随着近现代市场经济和民主政治的发展，人类思想文化也出现了自主多元化趋向。

作为多元文化的深厚土壤，文化大众化使文化主体既是文化消费

① 谢晖. 价值重建与规范选择——中国法制现代化深思［M］. 济南：山东人民出版社，1998.

者，更是文化创造者，必须取得平等自主的文化享用、创造和发展的权利，从而形成平等的社会心理文化，并要求法律必须以突出和保障文化主体的上述权利为宗旨①。

法治之实然

依法治国必须根据本国的人民素质、社会环境与法治状况，并针对社会弊症来设计法治目标和道路。中国的依法治国方略着重围绕三个目标取向来进行②。

1. 在制度层面上必须严格规范政府行为

法治的本质不是"治民"而是"民治"；不是少数人用来统治人民的方法，而是人民当家做主治理国家、行使民主权利的形式和保障。传统的"全能"政府拥有巨大的权威，政府权力渗透到社会的各个领域。法制往往是政府强制社会的工具，缺乏足以制约政府、保护民间社会和个人权利的效能。法治权威无从树立，而代之以"人治""政策之治"。因此，实行法治就必须重新整合国家权力机构。立法的重心应从原来偏重政府体系转为切实转变政府职能，规范政府行为，限制政府权力，解决行政优越于立法权、司法权以及立法权、司法权行政化等问题。发展市场经济方面，法治的重点应在依法行政、"守法统治"。政府只能行使法律赋予的权力。只要法律不禁止，原则上公民就有权行使，政府不得干预。法治的前提是制度的民主化。创造民主的政治体制，建立权与法的相互制衡机制，是推进法治的务本、固本之所在。

2. 在操作层面上必须建立公正合理程序

推行法治，不仅要认知法律内含的客观规律，还要认知法律的外部

① 谢晖.法学范畴的矛盾辨思［M］.济南：山东人民出版社，1999.
② 李曙光.论依法治国［A］.张晋藩.20世纪中国法治回眸［C］.法律出版社，1998.

规则。法律规则虽然是一种形式，但不同的形式表达往往直接影响本质的实际发挥。只有形式得当，才能创造性地发挥本质的作用。这方面恰恰是我们以前重视不够的薄弱环节，导致法律规范的合理性、整合性和权威性尚有欠缺。

公正合理的程序和相应娴熟的技术是法治的重要基石，它们不但充分表现法律价值，而且使之成为深刻的法律实践。作为达到法治目标所预设的方式、方法和步骤，法律程序只有公正合理，才能有效限制程序义务人的主观随意性，进而选择效率公平相兼顾的手段并维护和促进手段的正当性。

如果说法律程序缺乏公正与理性，以及实体法律的不可诉，是中国"无诉"与"耻于诉讼"传统观念的重要根源的话，那么今天它仍是导致执法不严、执法不公、执法不力的重要因素。随着社会主义市场经济的建立和完善，确立价值中立、操作性强的公正合理的法律程序，更具现实性和紧迫性。

3. 在观念层面上必须建立权利本位取向

从观念角度看，法治离不开主体对法律的期望、认知和认同，即应用相应的法治意识。法律是权利和义务的统一，而现代民主法治更注重保障公民权利的实现，同时防止权力的滥用与自我膨胀。相反，在中国，法律历来强调义务本位，多禁止性条文而少权利性规范，忽略甚至轻视人的独立人格、自由、尊严和利益，因此，依法治国最终要落实在确立权利本位的目标取向上，正确处理公民权利和国家权力的关系。可以说，全民普遍的权利观念和法律意识的提高，是法治最深厚也最可靠的社会基础，也是中国社会进步的重要体现。

现代法治文明是全人类的共同创造和宝贵财富。中国共产党在政治、经济和文化社会全方位改革深化发展的大背景下，结合国情在挖掘自己本土资源和大胆借鉴与充分吸收国外法治化的丰富经验的基础上，进行艰苦的探索和创造性工作，从党的十五大开始对法治问题进行不断地深化和提升，法治从基本的治国方略提升到基本的治国方式。从历史上看，迄今具有世界意义的法制现代化的模式，一是继承了盎格鲁－撒克逊习惯法优秀传统并同时吸收大量罗马法优秀遗产的英美法系模式；二是承续了罗马法优秀传统的大陆法系模式。20世纪以来两大法系相互借鉴，对许多国家的法制现代化产生着巨大的影响。中国法治建设的起点不高，人治和专制传统的深远影响、小农经济和宗法社会的封闭落后、人口数量庞大但素质不高等，对中国法治建设产生现实和潜在的阻力，是中国法治建设必须面对的问题。随着法治建设阻力的克服，必将使中国的法治现代化在遵循世界法治现代化基本宗旨的前提下呈现出全新的特征。这不仅是对中国法治的模式创新，也是对世界法治的模式创新，必将对世界的法治化，尤其对发展中国家的法治化提供一条可资借鉴的新模式。

法治之应然

自然法学派是在侧重于价值研究中区分自然法和实在法，强调与正义不可分割的自然法观念，从而开创了法与法律区别的先例，这两个概念至今至少在法学上仍具有决定性意义。① 在一般人心目中，法和法律不会做严格的区分，往往就是实在法。但从应然的要求看，法是整个法律观念体系中反映和倾向于价值性的一个概念，是法律内在的、本质的东西，法律则是侧重于规范性的一个概念。马克思也认为，"法是自由的肯定存在"，"具有普遍的、理论的、不取决于个别人的性质"②；法律作为"法的表现"，它的产生并非一个法的创造过程，而是关于法的

---

① ［美］昂格尔. 现代社会中的法律［M］. 吴玉章，周汉华，译. 北京：中国政法大学出版社，1994.

② 马克思，恩格斯. 马克思恩格斯全集：第1卷［M］. 北京：人民出版社，1974.

发现过程。"立法者应该把自己看做一个自然科学家。他不是在制造法律，不是在发明法律，而仅仅是在表述法律，他把精神关系的内在规律表现在有意识的现行法律之中。"① 有的西方学者还认为："对于打算学习罗马法的人来说，必须首先了解'法'（ius）的称谓从何而来。它来自'正义'（iustitia）。实际上法是善良和公正的艺术"。② 可以说，法治的整个过程都离不开人们对法的经验认识，并多少决定法律的价值追求。

法总是具有阶级性的，但这并不否认法的社会价值。西方自然法学派强调法和一定社会意识、价值观的联系，认为法是永恒正义的理性。美国法学家 J. 霍尔和 E. 博登海默认为，法是"秩序与正义的综合体"试图通过建立"综合法学"来克服西方主要法学派对法的理解的片面性。中国特色社会主义法治的价值旨归就是依法保障人民的利益。可以说，离开一定的物质生活条件（包括与一定生产力相适应的一定生产关系），仅仅把法的基础归结为理性、正义、自由意志或国家权力，就不可能真正理解法的本质。而否认或忽视法的价值规范性，也不利于实行法治。

无论是法学研究还是法治实践，都要对法律所记载和体现的现有可能的价值要求去考察现有法律所反映的价值之好坏，以有效地制约法律价值恶化，提升其良性发展。法的价值就是法这个客体（制度化的对象）对满足个人、群体、社会或国家需要的积极意义。③ 法的价值不仅仅是指"法的价值"，即法作为社会经济、政治、文化等因素的综合表现，发挥工具性作用，而且还指"法律价值"，即法作为法所固有的满

---
① 马克思，恩格斯. 马克思恩格斯选集：第1卷 [M]. 北京：人民出版社，1972.
② [意] 桑德罗·斯奇巴尼. 正义与法 [M]. 黄风，译. 北京：中国政法大学出版社，1992.
③ 孙国华，朱景文. 法理学 [M]. 北京：中国人民大学出版社，1999.

足主体法律需要的价值。法律作用当然反映法律价值，但并非法律价值的全部。离开主体需求也就无所谓法律价值。法的价值是客观性和主体性的统一。

公平问题是人类恒久追求的一个价值问题，是政治社会中价值体系追求的一个至高目标。一切社会规范形式，包括法律规范，都把公平作为重要的价值内容和价值目标，力求更好地体现和渗透在自身的规范结构之中。现代法律更是把是否公平作为衡量法律善恶好坏的重要标准，并制约法律的其他价值原则。

当然，法治的应然是一个非常理想化的价值目标，具有终极关怀的意义，但并非徒具理想，更非空想。它的实现是一个永无止境的渐进过程，但人类法治进程的每一发展，难道不正是人类这种价值追求的执着与成果的生动体现吗？离开应然去把握法治，难免缺乏主体对法治发展的前瞻意识，也缺乏主体对法治的恒久追求。事实上，法治之实然和应然并不是绝对相排斥与对立的，而是在法治之必然的基础上相互依存和相互推进的。为了实现党的二十大提出的"以中国式现代化全面推进中华民族伟大复兴"的使命和目标，为了使法律具有合理的道德前提和价值基础，我们以为强调法治之应然对重视法治的价值建构是必要的。

第二节 论先秦儒家"为政在人"并非"人治"

检索众多法律史论著或教材，对先秦儒家的法律思想，论者多以"人治""礼治""德治"等冠之。持此论者，或引经而证，如"子曰：文武之政，布在方策。其人存，则其政举；其人亡，则其政息……故为政在人"、孟子的"徒善不足以为政，徒法不能以自行"、荀子的"故有良法而乱者，有之矣；有君子而乱者，自古及今，未尝闻矣"等。或参照大师观点，如近人梁启超认为："人治主义，是先秦儒家墨家共同的。"① 萧公权先生亦将先秦儒墨称为"人治派"②。力图用"为政在人""治人"等来说明先秦儒家是主张"人治"的，而用"以法治国""垂法而治"等来说明法家是主张"法治"的，进而对儒家的"人治"思想以及整个先秦儒家进行批判。

改革开放后，随着中国高等教育的复兴，学界对于原来一些没有辩明的问题进行了重新的认识和反思，对法家的"法治"、儒家的"人治"思想进行了概念的辨正和思想的剖析。有学者认为法家的"法治"并不是现代意义上的法治，不管是法家还是儒家，其实质都是主张"人治"，归根结底，都是君主专制。但对二者的内涵界定和本质特征问题仍未达成共识。"人治"和"法治"仍然是儒家和法家的代称，这点在现在出版的著作尤其是各类法律史教材中尤为明显。导致许多学子在初学法律史时存疑颇多，如儒家的"为政在人""治人"思想用"人治"概括是否恰当？它是否仅仅代表君主专制？儒家的"为政在人"思想所代表的法律意义又是什么？在当今法治社会是否仍具有现实意义？带着这些疑问，笔者对于这个老问题进行了一些新的思考，以求教于方家。

一、概念和意义上"人治"与"为政在人"

"人治"一词并非中国固有概念，最早提出人治概念的是公元前 4 世纪的古希腊思想家亚里士多德，他在其名著《政治学》中明确指出："法治优于一人之治。""一人之治"，即"一个人来统治"，就是所谓

---

① 梁启超. 先秦政治思想史 [M]. 北京：中华书局，1986：197.
② 萧公权. 中国政治思想史（一）[M]. 沈阳：辽宁教育出版社，1998：23-24.

的"人治"。亚里士多德是反对"人治"的,他说:"让一个人来统治,这就在政治中混入了兽性的因素。"这是对其老师柏拉图的"贤人政治"的阐发。柏拉图虽然没有明确提出"人治"一词,但他是"人治"论的鼓吹者,他主张"贤人政治":"一个城邦如果实行法治的话,就会妨碍哲学家的统治,因为哲学家所掌握的知识是一种真理,它比国家机关所制定的法律要高明得多。"① 中世纪的神学家几乎毫无例外地都是"人治"论者,但他们大多是从"天国"中引申出来的,谈不上什么理论。从这里面可以看出,作为与法治相对立的"人治"一词首先是应用在政治学上的概念,并不是法律乃至法律史上固有的概念。

先秦时期,儒家的出现是对当时严酷社会状况的一种批判和反思,当时的社会状况是诸侯混战、礼崩乐坏。据载:当时"弑君三十六,亡国五十二,诸侯奔走不得保其社稷者不可胜数"②。更不用说处在社会底层的民众了。作为儒学开山祖师的孔子,以及其思想继承者和发挥者的孟子和荀子,面对当时严酷社会状况,开始进行批判和反思,明确提出应重新认识"人"的作用。既然西周的神本位思想已经不能有效地治理国家,就应该把重心转到人事的角度上来,"未能事人,焉能事鬼"。在孔子看来无论是统治者或者被统治者,都是作为实在的人而存在,整个社会的运转就是来自二者的调适。从政治体制的角度来说,先秦的儒家是强调君主专制的。但是在这一大前提下,先秦儒家对于人在社会中的作用是有着清醒和正确的认识的。先秦儒家关于"人"在社会中的作用的论述大致有以下几方面。

首先,"为政在人"。

《礼记·中庸》记载,鲁哀公问政于孔子,孔子说:"为政在人","其人存,则其政举,其人亡,则其政息"。对于此句,"人治"论者一

① 蒋玉莲. 论法治与积极人治的统一 [J]. 贵州民族学院学报, 2005 (6).
② [汉] 司马迁. 史记·太史公自序 [M]. 北京:中华书局, 2019.

般认为是孔子"贤人治国"论或"人治"论思想的基本特征。将其理解为国家的治乱，系于当权者是否贤明，而不在于法律制度的好坏和有无。但是，我们也应该看到，孔子在推崇贤明的统治者的同时，更注意到国家的治理、政治的推行，离不开普通的"人"。既离不开从君主到各级官吏的封建统治者，更离不开被统治、被压迫、被剥削的庶民百姓。他规劝人君要"薄以待一身，厚以待百姓"，希望君主做一个"安于民""惠于民"的"君子"。他还认为："以道事君，不可则止。"国君若"失道"，臣民可以"犯干之"①。随着春秋时期重民思潮的兴起，孔子不但重视统治者在治理国家中的主导地位和作用，更重视庶民百姓的利益和意志。他把包括庶民百姓在内的"人"看作治国实践活动中的主体，并充分重视他们的作用。

孟子在鼓吹"惟仁者宜在高位"论的同时，更加重视"民"的作用。"桀纣之失天下也，失其民也；失其民者，失其心也。得天下有道，得其民斯得天下矣；得其民有道，得其心斯得其民矣。"② 尧舜之得天下，在其争得民心；桀纣之失天下，在其失去民心。

荀子主张"贤人治国"，君主必须是"贤者"。但君主必须受到民众的拥护才能称为君主，"天之立君，以为民也"。他根据"君者舟也，庶人者水也，水则载舟，水则覆舟"这种历史经验，也认识到了庶民百姓对封建政治的反应与作用。

其次，"尊贤使能"。

先秦儒家思想家们不但认为君主必须是"贤人"，对于管理封建国家的各级官吏，即选用什么样的人去"为政"的问题也提出自己的看法，包含了对"人"的思考。孔子主张"任人唯贤""举贤才"，对传统的"世卿世禄"制和"亲亲"原则进行修正。孟子不仅主张君主必

① ［春秋］孔子 . 论语·宪问［M］. 北京：中国文联出版社，2016.
② 杨伯峻注 . 孟子·离娄上［M］. 北京：中华书局，2019.

须由贤人充当，而且主张大臣也必须是贤者，君主应广用贤人，以使"贤者在位，能者在职"①。他一再强调任贤的重要性："虞不用百里奚而亡，秦穆公用之而霸。"② 不用贤人，国家灭亡，任用贤人，国家昌盛。

与孟子一样，荀子不仅认为君主必须是贤者，而且主张君主应该选贤任能，破格用人。荀子认为，"人主不可以独也"，必须有"卿相辅佐足任者""便嬖左右足信者"。这样的"基杖""国具""贤能"才便于治理好国家。否则，"人主无贤，如瞽无相"③。因此，他主张"贤能不待次而举，罢不能不待须而废"④。

再次，"律己修身"。

先秦儒家对"人"的认识不仅仅体现在统治的主体和客体上，还特别重视统治者个人的表率作用。孔子要求统治者必须严于律己，以身作则。他对鲁国大夫季康说："政者，正也。子帅以正，孰敢不正。"⑤"政"字本意就是要求人们的行为端正。如果统治者带头端正自己，别人自然会端正。"不能正其身，如正人何?"统治者自己行为不端正，怎能去端正别人。"其身正，不令而行；其身不正，虽令不从。"统治者行为端正，不令则行；统治者行为不端正，纵然三令五申，百姓也不会信从。因此，统治者必须加强自身的修养，即"修身"，这是"为政""从政"的需要。

荀子继承了孔子关于统治者的"律己修身"的思想。《荀子·修身》篇从修身的重要性及其意义、标准、方法等各方面论述统治者如何加强自身修养。统治者的"修身"与否，不仅关系着自身的品性善

① 杨柏峻注. 孟子·公孙丑上 [M]. 北京：中华书局，2019.
② 杨柏峻注. 孟子·告子 [M]. 北京：中华书局，2019.
③ 安小兰译. 荀子·成相 [M]. 北京：中华书局，2018.
④ 安小兰译. 荀子·王制 [M]. 北京：中华书局，2018.
⑤ [春秋] 孔子. 论语·颜渊 [M]. 北京：中国文联出版社，2016.

恶，而且关系着国家的治乱兴亡；"修身"不仅是为了洁身自好，而且更重要的是为了为政、治国，"礼及身而行修，义及国而政明"①。

综上，可以看出，先秦儒家对"为政在人"是从多方面认识的，既涉及统治者主体（君主和各级官吏）方面，也涉及统治客体（庶民百姓）方面，还涉及统治者内部的修养方面。以此与西方的"人治"论相比较，我们可以发现，在政治学的意义上，西方的"人治"理论并不是或者说不完全等同于中国传统儒家的"为政在人"说。前者专指的是君主专制，即"一个人的统治"；儒家的"为政在人""治人"等则是一种更广义上的"人治"学说，或者可以说是一种"仁政"学说。儒家关于"人"在国家治理中的地位和作用，远远要比西方政治学上的"人治"理论要丰富得多。用西方的小概念套在中国的大内容上，似属不妥，以至于现在的诸多教科书仍以"人治"统括儒家的法律思想。

用"人治"一词概括儒家政治法律思想，是在近代被称为学界巨擘的梁启超。他在1922年出版的《先秦政治思想史》中首先将先秦儒家的政治法律学说名之为"人治主义"。随后国内论者多以"人治"来指代先秦儒家的政治思想，遂成习惯。

二、"为政在人"的法律特征

前已述及，从政治学的意义来说，西方的"人治"理论并非儒家的"为政在人""治人"理论。儒家的"为政在人""治人"等理论还包含许多法律层面的思考和见解。

诚然，政治和法律的问题在古代是混在一起的，君主专制也是古代东西方政治上共同的特点。但是，先秦儒家的"为政在人""治人"等

① 安小兰译. 荀子·致士［M］. 北京：中华书局，2018.

思想，是否就仅仅说明君主拥有最高的立法、司法权？法令的执行需要依靠下层众多的各级官吏来执行，法令的遵守靠的还是民众。先秦儒家的"为政在人""治人"论更多还是从人在立法、司法和守法中的作用和地位来论述的。也就是说，更多是从法的角度上来论述。然而，一谈到先秦儒家的法律思想，许多论者就会从政治的角度称为"人治"，对于法律史上先秦儒家"为政在人""治人"等思想的法律特征，则多是语焉不详。

先秦儒家虽然强调"为政在人""治人"等，但是并非不要法，而是认为在立法、司法和守法上，"人"的作用是必须特别予以重视的。下面试分述之。

首先，在立法上。

一方面，"法自君出"，这是讲立法权的问题。先秦儒家是主张君主专制的，天子拥有至高无上的地位，拥有所有的权力，立法权也理所当然地包括在内。孔子在《论语·子路》篇中提出："名不正，则言不顺；言不顺，则事不成；事不成，则礼乐不兴；礼乐不兴，则刑罚不中；刑罚不中，则民无所措手足。"① 其中"名正言顺"的"言"，就包括法令在内。在古代中国，天子就是最高立法者，天子口含天宪，言出法随，天子立言就是立法。因此只有名正了、言顺了，才能兴礼乐，中刑罚。"名"的问题关系到礼与刑的问题。② 如若名不正、言不顺，就会出现"礼乐征伐自诸侯出"，或者"自大夫出"，以及"陪臣执国命"的情况，这正是春秋战国时期出现诸侯混战、社会混乱和"天下无道"的原因。

另一方面，先秦儒家还主张"贤人立法"，这是讲立法者的问题。虽然只有天子才能立法，但是天子也有贤明的区别。贤明的君主能立良

---

① ［春秋］孔子. 论语·子路［M］. 北京：中国文联出版社，2016.
② 俞荣根. 儒家法思想通论［M］. 南宁：广西人民出版社，1992：245.

法，不贤明的君主所立之法可能就不是良法，而是恶法。因此，"立法"还必须有"贤人"。孔子讲"为政在人"、荀子讲"治人"，指的是那种以"仁"为己任的"贤人""仁人"。以孔子为代表的先秦儒家一直都是崇尚"三代之法"的，其原因在于他们认为只有像文、武、周公那样的贤人所立之法才是良法。随后而起的秦国，虽然是一个"一切皆有法式"的社会，但结果却是二世而亡。因此，先秦儒家的思想家们既重视"法自君出"，同时也更加重视"贤人立法"、立"善法"的问题。

其次，在司法上。

强调应由"贤人"来司法。法令制定了，还需要人来执行。就算是良法，由不善的人来执行，也一样会导致"政息"的结果。孟子说："徒善不足以为政，徒法不能以自行。"① 荀子说："法不能独立，类不能自行，得其人则存，失其人则亡。"② 光有法不行，还必须有"仁者""贤人"来执行法令。针对春秋乱世法纪败坏的现象，荀子更是大声疾呼"有治人，无治法"。三代治法犹存，而社会却混乱不堪，究其原因，就是因为"治人"不在。因此，为政执法必须要有"贤人"。那么"贤人"是什么样的人呢？孔子称为"仁人"，孟子称为"仁者"，荀子则称"治人"一词。总之，在执法过程中的"贤人"应该做到以下几点。

一是执法者自身应具有高尚的司法道德观。司法过程中首先就是司法者的问题，好的司法者能够公正执法、公平执法，而不贤的司法者就容易造成冤案错案。叔向和柳下惠都是古之贤者，孔子特别称赞他们，就是因为他们能够在司法过程中不徇私情、不避亲疏，能够依法办事。

---

① 杨俊峻注. 孟子·离娄上 [M]. 北京：中华书局，2019.
② 安小兰译. 荀子·君道 [M]. 北京：中华书局，2018.

叔向"治国制刑，不隐于亲"，孔子誉为"古之遗直"①。柳下惠虽屡次被撤职罢官，但还是公正执法，深得孔子赞扬。孔子在任鲁国司寇时，也是"据法听讼，无有所阿"。这些都表明儒家是主张贤人司法的。只有贤人才能在司法中赏罚得中，不偏不倚，无冤无滥。

二是在司法的过程中应"重民"，关心民生的疾苦。春秋战国之际，社会激烈动荡，礼崩乐坏。孔子目睹周王室一蹶不振，国与国之间战争连绵，诸侯争雄称霸，士大夫之间争权夺利，礼数被毁，国将不国，天下一片大乱。处在下层的民众更是生活困苦，动辄触刑网。当时齐国就出现了"屦贱踊贵"的滥刑情景。在这样的社会现实下，孔子认为，作为司法官更应该考虑到老百姓的困境，"上失其道，民散久矣。如得其情，则哀矜而勿喜"②。"听讼，虽得其指，必哀矜之，死者不可复生，断者不可复续也。"③ 孟子说："民之憔悴于虐政，未有甚于此时者也。""上无道揆也，下无法守也，朝不信道，工不信度，君子犯义，小人犯刑，国之所存者幸也。"④ 他认为这种现象的出现是由于为政执法者"不仁"的缘故："不仁而在高位，是播其恶于众也。"⑤

再次，在守法上。

先秦儒家从"人"的角度出发，提出许多至今还值得借鉴的观点。法令制定了，还要靠人们的遵守。先秦儒家对于守法发表了许多独到的看法。守法不是一个人的事，广大民众要守法，身为天子也要守法。先秦儒家主要是从两方面来论述上至天子下至百姓是如何守法的。

在上者要带头守法。儒家认为，政治、法律、道德的实现都是一个

① ［战国］左丘明. 左传·昭公十四年［M］. 上海：上海古籍出版社，2016.
② ［春秋］孔子. 论语·子张［M］. 北京：中国文联出版社，2016.
③ 伏胜. 尚书大传［M］. 济南：济南出版社，2018.
④ 杨伯峻注. 孟子·离娄上［M］. 北京：中华书局，2019.
⑤ 杨伯峻注. 孟子·离娄上［M］. 北京：中华书局，2019.

"由己及人"的过程，关键在于统治者能够严格地以"礼法"正己，用自己的优秀品质和模范行为去感化民众。法律关系首先是上行下效的关系，榜样的力量具有决定性的作用，因此统治者的以身作则，是法令贯彻的关键。孔子认为，治国执法必须从"修身"开始："修己以安人""修己以安百姓"①。统治者"身正"即能以身作则，政令便可通行无阻；反之，"其身不正，虽令不从"，法令便无法贯彻。因此，当鲁哀公问怎样才能使百姓顺服时，孔子就说："举直错诸枉，则民服；举枉错诸直，则民不服。"② 孟子认为"君仁莫不仁；君义莫不义；君正莫不正"③。只有为上者带头守法，民众才会跟着遵守法令。正所谓："君子之德风，小人之德草。"④

对于下层民众，要使其普遍遵守法令，除了为上者的榜样作用以外，还要推行先"富"后"教"的办法。春秋乱世，各国混战，统治者滥用民力，徭役无度；各级官吏重赋搜括，导致处在社会底层的庶民生活更是十分困苦，流离失所，衣食无着。日常生活都保证不了，又如何遵守法令？正如孟子所说："无恒产者无恒心。苟无恒心，放辟邪移，无不为已。"⑤ 因此，要想使民众守法、不犯罪，首先应使老百姓富起来。但是，富了之后并不一定就会遵守法令，还要对民众实行教化。以德、礼教民，是儒家一贯的主张，也是一项很得意的治国理念。孔子是很重视"教"的，他的经典语句是："道之以政，齐之以刑，民免而无耻；道之以德，齐之以礼，有耻且格。"⑥ 用德、礼去教导民众，不但可以使民众不犯法，而且更重要的是使民众能够自觉守法，以犯罪

① [春秋]孔子．论语•为政 [M]．北京：中国文联出版社，2016．
② [春秋]孔子．论语•为政 [M]．北京：中国文联出版社，2016．
③ 杨伯峻注．孟子•离娄上 [M]．北京：中华书局，2019．
④ [春秋]孔子．论语•颜渊 [M]．北京：中国文联出版社，2016．
⑤ 杨伯峻注．孟子•告子 [M]．北京：中华书局，2019．
⑥ [春秋]孔子．论语•为政 [M]．北京：中国文联出版社，2016．

为耻，这比以政、刑来使民不犯罪又高了一个层次。

三、结语

先秦儒家的"为政在人""治人"等思想，不管是从政治学意义上看，还是从法律层面上看，在人们的心目中，都是与现代意义上"法治"相对的一个贬义词。其原因在于，长期以来，国内论者对"人治"概念认识不一，一方面用西方的"人治"理论来描述先秦儒家的政治思想；另一方面，对先秦儒家"为政在人""治人"思想里的法律精华不甚明了，认为先秦儒家"为政在人"理论就是"人高于法""权大于法""不依法办事"等，即属于误解。先秦儒家"为政在人""治人"等颇具代表性的观点。正是基于这种误解，许多人一边主张加强"法治"，一边却笼统地否定和批判"人治"。

当前，随着中国特色社会主义法治建设的不断推进，经过多年的法治建设，中国特色社会主义的法律体系已经形成，法律形式和法律内容也已经较为完善。我们现在已拥有大量的立法者、大量的法律工作者，但是面对中国的法治现实，人们依然有"一种不曾有过的缺乏自信的不安"①。中国法治任重道远。先秦儒家关于法律的思考或许能够给我们带来更多的启示。

第三节 法治和德治的现实统一

从根本上说，个体或群体行为都是有意识或不自觉的规范行为，而

---

① 曾宪义，马小红. 中国传统法研究中的几个问题 [J]. 法学研究，2003 (3).

道德和法律无疑是最主要的行为规范。习近平总书记指出："治理国家、治理社会必须一手抓法治、一手抓德治，既重视发挥法律的规范作用，又重视发挥道德的教化作用，实现法律和道德相辅相成、法治和德治相得益彰。"① 这是我党从治国方略的高度再次强调法治和德治相结合的重大意义。改革开放以来出现的一些法治受阻、道德滑坡现象，在一定程度上说明我们在法治化过程中对法与道德相互依存性重视不够，也提醒今天的我们要有效发挥依法治国和以德治国相结合的作用，必须深入研究两者内在的统一性，努力探索适应时代要求的治国方略的实现形式。

一、法律的道德性和法治的道德承诺

对法律的道德性问题的考察，实际上是为了寻找法的本质和存在的基础，即法存在的意义和终极价值是什么？或是否有终极价值？法律有没有善恶好坏之分，或该不该和能不能做道德评价？何为良法？良法对法治有何意义？法律和法治的必然、应然和实然如何？

尽管何谓"良法"迄今众说纷纭，但人们大多承认道德是良法的一大标准，其核心是人们关于善恶荣辱规范的总和。法国思想家马里旦认为："法律的最终目标是使人们在道德上善良。为了求得众人所能达到的最大善良，世俗法律会使自己适应各种道德信条所认可的各种生活方式——它应该始终保持走向道德生活的总的方向，并使共同的行为在每一个标准上面倾向道德法则的充分实现。"② "法律和道德是不可分割的，没有道德的支持，法律就不成其为社会的组成部分，而仅仅是定在

① 习近平. 2014 年 10 月 23 日在十八届四中全会第二次全体会议上的讲话.
② 法学教材编辑部《西方法律思想史编写组》. 西方法律思想史参考资料选编［M］. 北京：北京大学出版社，1983：689.

78

官方文件上的词句。"① 尽管法律的国家性也决定和派生法律的权威性，但法律真正的权威性无疑来自法律内在的力量，即法律本身对人们价值需求的反映和满足。如果法律没有反映人们必要的社会价值需求，那法律就无活力可言，也就谈不上什么权威性了。

可以说，法律至上首先是一个价值判断，即主体至上的规则表达。普遍地尊重人、重视人，旨在维护人的主体权利（自由属性）。义务（秩序属性）的创设也是为了更好地强化和保障主体不可缺少的权利，法律内在的崇高价值属性是它在法治条件下具有至上性的关键所在。法律至上又是一个事实判断，它不仅要体现在法律的形成和制定中，还要贯穿于法律运行的全过程。尽管没有一部法律及其运行过程是完全正确无误的，但这并不影响人们对于良法及其实践的不懈追求。由此，我们不难理解为什么二战以来价值法学大行其道，规范法学也不再过多地非难法律之价值追求。

在西方法律实践中，无论是自然法的基本信念，还是实在法的操作规则，无不涵盖着基本的道德信念及道德操守，并贯穿于宪政法、民商法及新出现的社会法中。历史地看，既然法律被用于不道德之目的现象并不鲜见，所以一方面必须超越实在法本身来判断整个法律制度的合法性和正当性；另一方面也要清醒地估计到法律的道德承诺是一个极为艰难的历史过程。

无论是法学研究还是法治实践，不但要对法律所记载和体现的现有或可能的价值予以追问，还要以应然的价值要求去考察现有法律所反映的价值之好坏，以有效地制约法律价值恶化，提升其良性发展。如果说我们过去较注重社会主义法制的应然价值，那么近年来我们在强化具体

---

① ［英］罗杰·科特威尔. 法律社会学导论［M］. 潘大松，等，译. 北京：华夏出版社，1989：88.

的立法工作时，似乎又有些忽视了法制现代化的应然研究，或有意无意将其和法律作用相混同。

现代法治是人类社会文明的结晶，现代法治社会内在要求一种程序道德观，往往以时代的道德观念作为法的精神来追求。改革开放以来我国出现的一些道德滑坡的现象，凸显了建立一个与现代法律高度协调道德体系的紧迫性。指出道德价值是法治的至上承诺，无疑有助于我们深刻把握法治与德治有效整合的真实基础与内在依据。这也正是法律不仅具有制约和规范行为的功能，而且还具有道义风化作用的原因所在。因此，中国的法治现代化必须使法律充分体现应有的道德性，从而使法律具有合理的道德价值及基础。

二、中国法治德治统一所面对的难题

在经济全球化的形势下，植根于各自社会和文化的独特性，把法律作为社会工程，以法治来推进经济、政治和社会的发展，已成为世界各国的共识。中国法治建设的起点不高，如何消除或弱化阻力而发挥并强化动力，是中国法治建设所必须面对的问题。一方面，中国受传统礼法文化的长期影响，社会生存价值难以摆脱权力的支配，传统伦理严重抑制个人权利需要，并将世俗政治权力神化。法律历来强调义务本位，多禁止性条文而少权利性规范，忽略、轻视人的独立人格、自由、尊严和利益，这种片面单向的消极法律观，使"权力至上"与"官本位"至今还存在一定影响；不少民众则只知法律的强制性，却不懂法律的权利性，不懂得用法律来保护自己应有的权利。另一方面，作为后发展国家，背负艰巨的现代化任务甚至后现代化问题。面对日趋复杂，日趋严峻的国际环境，必须由坚强有力的政党来凝聚领导从而发挥政府和人民的力量。"依法治国，建设社会主义法治国家"是中国共产党在政治、经济和文化社会全方位改革深化发展的大背景下，结合中国国情带领全国人民经过艰辛探索所确立的治国理政的基本方式。党的二十大进一步提出"在法治轨道上全面建设社会主义现代化国家"，强调"全面推进国家各方面工作法治化"。习近平总书记强调："中国特色社会主义法治道路的一个鲜明特点，就是坚持依法治国和以德治国相结合，强调法治和德治两手抓、两手都要硬。""法治和德治不可分离、不可偏废，国家治理需要法律和道德协同发力。"① 这是从治国方略的战略高度对治理国家的规律所做出的深刻论断。揭示了法治和德治是现代国家治理中良法善治的重要方式。表明"在法治轨道上全面建设社会主义现代化国家"需要依法治国与以德治国有机结合、融通互补、相互促进，相得益彰。

法治是良法之治。一方面，法治作为一种产生并维护社会秩序的方式，实际上就是采取特定手段限定人们的自由选择，把人们的活动规范在一个能够满足各种需要的限度内；另一方面，现代民主法治更注重保障公民权利的实现，同时防止权力的滥用与自我膨胀。法治的前提是制度的民主化。创造民主的政治体制，建立权与法的相互制衡机制，是推进法治的务本、固本之所在。在不断健全完备社会主义法律制度的同时，坚持法治与德治相互促进的原则，在立法、执法、司法、守法各个环节，实现法律和道德协同发力、相辅相成。

同时，要从治国方略的战略高度重视道德对执政者和社会成员的影响和作用，要注意培养市民风范（civility）或公共精神（public spilik），即一系列被普遍认同的渗透到个人之间以及个人与国家之间行为中的文明风尚。提倡社会成员之间的相互尊重和宽容，接受理念和利益的多样性，并容许个人及组织追求目标的多样化，但不允许违背公共精神和法

---

① 习近平 . 2017 年 5 月 3 日在中国政法大学考察时的讲话 .

律规范不择手段地追求这些目标。对于党员、干部，特别是党的领导干部，更要注重"德政"，坚持"为政以德"，不断提升法治德治素养，不仅要在"公德"方面，还要在"私德"即个人生活方面发挥垂范作用，包括道德情操、健康文明的生活方式、对公益及慈善事业的热忱等。

三、道德重塑和法治之任重道远

法治和德治都是一切社会的共有现象，一个社会到底主要采取法治还是德治的方式，人的主观愿望固然重要，但归根结底取决于社会的基本结构状况。我们指出道德价值是法治的内在承诺，旨在强调法律只有反映社会普遍认同的道德，才能真正有效地发挥其应有功能。从另一方面看，与法律高度整合的道德，即法律化道德，比自发的道德更能规范和影响人们的行为。我们认为，中国的法治现代化绝不仅仅是立法、执法的过程，从本质上也是在扬弃传统道德价值基础上的道德重塑过程。中国的法治化进程由此而任重道远，但也必将因此而更具创新性和生命力。

毋庸置疑，我国法治建设已取得了长足进步。但法治建设依然艰巨，道德建设还有很多不尽如人意的地方。那么，法治受阻、道德滑坡现象的深层次原因是什么呢？法治与德治将如何有效整合呢？

表面看来与功利格格不入的道德，其实有着深刻的功利性起源。①

社会契约或制度所蕴含的，即从长远来看，人们的道德性行为能比非道德性行为更有利。所以，如果"积善之家，没有余庆；积不善之家，没有余殃"成为一个社会的普遍现象，那这个社会就陷入"礼崩乐坏"困境。道德不过是人们在生活中的态度或选择，它需要相应的

---

① 盛洪. 道德·功利及其他 [J]. 读书，1998（7）.

制度基础。只有人们讲道德比不讲道德收益更大时，道德才是人们追慕的对象。不道德行为能够普遍地取得净收益，无疑是对道德社会的釜底抽薪。①

从人类社会的文明发展来看，建立在法制基础上的社会道德文化和法治状况，是精神文明发展到较高阶段的重要体现或标志。中国的社会主义法治，就是要通过体现人民意志和利益的法律来管理国家和社会，规范政府权力，保障公民权利，发展科学教育，褒扬社会公德，维护社会秩序，保证国家长治久安。通过建立一整套有效的法律制度，一方面严惩不道德的恶行，尽量增大为恶的机会成本；另一方面激励有道德的善行，提高为善的预期收益。这样，道德宣传和道德教化才能深入人心、收到实效，从而形成良好的道德秩序，使社会拥有一种持久有效、为大多数社会公众认可并自觉遵循的道德规范。这是提出依法治国和以德治国相结合，努力开拓和创新具有中国特色的社会主义治国方略的现实意义。

但是，强调德治必须制度化，指出德治制度化是德治真正能发挥作用的前提，绝不表明德治可以取代法治。事实上，一方面人们赋予法治深刻的道德价值蕴含，强调道德的意义；另一方面人们又对世俗的道德特别是掌权者的道德戒慎，才不仅设置了外在的制度防范，而且特别强调法治的根本要素是权从法出，法高于权，政府应在法律的权威之下运用权力。通过对政府权力（当然还包括一切私人的和其他公共的权力）范围的严格限制，法治保护社会与公民免受任意的政府行为的干预和侵犯，维护人的自由和尊严。法治无论是作为一条法理原则还是作为一种法律实践，都体现出对公民权利和自由（法治的道德内涵）的保护（公民守法是一切有法制的社会的共同特征，政府能否守法才是衡量法

---

① 姚德年．信用危机与道德的功利性［J］．读书，2000（7）．

治社会的一个重要试金石）。这一基本出发点决定或要求法治和德治不应该互相排斥，而应该相互补充。正如习近平总书记强调的："把法律和道德的力量、法治和德治的功能紧密结合起来。"① 可以说，从法治的应然方面看，法治对道德做出了至上的内在承诺，但就法治的实然而言，法治的使命是止恶多于扬善，即把专横权力的恶的危险降到最低程度。

此外，客观地说，作为治理国家的利器，法治本身不是万能的，法律的完善也只是相对的，任何法律都难免有空子可钻。无论政府行为还是个人活动，法治与德治都有着各自不能僭越的范围。依法治国和以德治国的相结合，不仅要求我们制定更完备的法律，给不道德行为以应有的严厉处罚，以尽可能减少不道德及违法行为造成的社会影响；更要充分发挥德治的作用，为全面推进依法治国提供坚实的道德支撑。

"中国传统文化是具有鲜明'趋善求治'特征的伦理政治型文化。"② 其基本精神价值（尤其是制度形态的文化）和法治的对立，或难有与法治要求直接对应的内容，这恐怕已是不争的事实。但是，这里至少有必要提出两个问题：一是能否说中国传统文化毫无利于中国法治化的因素呢？看来不能，如中庸之道所蕴含的宽容理念、"民本"思想所具有的民主要求、守信观念所推崇的诚信精神、大同理想所包容的秩序要求等，都不同程度地与法治精神相容相通，都可以甚至必须是中国法治化建设的有效资源。如果不能创造性地发挥和应用这些文化因素，那么中国法治化建设就谈不上真正的成功。二是能否把法治需要作为评判和取舍中国传统文化根本的甚至唯一的标准呢？中国封建社会是建立在以宗法血缘为纽带的家族关系之上的，国家关系、君臣（民）关系是家庭关系、父子关系的延伸。人们习惯于在温情脉脉的伦理关系中生

---

① 习近平. 2018 年 3 月 10 日在参加十三届全国人大一次会议重庆代表团审议时讲话.
② 李宗桂. 中国文化概论［M］. 广州：中山大学出版社，1988.

活，人与人的关系和人与自然的关系都完全情感化、伦理化。这种社会心理的长期积淀，使人们陶然于伦理亲情，钟情并满足于把握现实人际关系，难于从彼岸世界去寻求精神慰藉而超越现实。中国传统法律文化问题的根本主要不是"德治"或"礼治"，而是道德的政治化、泛化。道德判断标准已等同、僭越事实判断及其他价值标准，政治不仅取代道德，也否定法律，造成内在道德人格和外在政治人格的分离，社会道德被严重扭曲、虚伪化。人欲横流、损人利己主义泛滥、传统美德丧失、伪善大行其道等，充分暴露了泛道德政治的虚伪性。"徒善不足以为政，徒法不能以自行。"因此，对于"德治"或"礼治"，可祛其"人治"温情面纱，予以"法治"实质内容。法律本身就是一种使人根据以往经验做出反应、预测和选择的生活规则，"正是在这一意义上，我们认为中国实现法治的过程，在本质上是一个以法治文化精神重构中华民族文化精神的过程。"①

---

① 谢晖. 价值重建与规范选择——中国法制现代化沉思 [M]. 济南：山东人民出版社，1998.

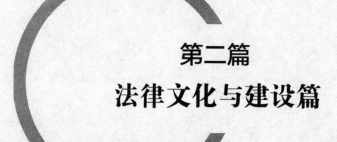

第二篇
法律文化与建设篇

第一章

中国传统法律文化的现实价值

在中国法治现代化的进程中，中华民族的本源文化永远是不可或缺并起决定作用的内源力。因此，如何看待传统法律文化，如何将传统法律文化与现代法律文化实现科学合理的承接，从而创造出具有中国特色的现代型法制，是时代赋予我们的重大课题。

法律文化是在一定的社会物质生活条件下，人类在法律实践过程中所创造的精神财富及其法律制度、法律规范、法律机构和法律设施的总和，同时也是一个国家或一个民族对法律生活所持有的思想观念、感情模式和行为模式的总和。一个社会法律文化的形成，是不断修正其民族习性和法律传统的过程；也是不断消化、吸纳别国和其他民族的法律文化的过程。当这一过程与现代先进的法律制度和法律观念的发展方向趋于一致时，我们称为法律文化的现代化即法治化。美国普林斯顿学派的观点认为："现代化，就是从传统社会向现代社会的转变和跃进，它作为一个世界性的历史进程，它导致整个文明价值体系的巨大创新，现代化包含了人类思想和行为各个领域的多方面的进程。"①

在当代中国，法治现代化作为文明社会法律发展过程中的伟大革命，其面临一个从传统型向现代型的历史变革，其发展趋势必然要实现

---

① 李有星. 论中国法制现代化的评价标准 [J]. 杭州大学学报（哲学社会科学版），1996（3）.

"人治"向"法治"的历史性转变，中国法治现代化的目标就是依法治国，建设社会主义法治国家目标的实现。①

中国是一个文明古国，中华法制文明源远流长。在漫长的历史进程中，中国传统法律文化逐渐形成了自身独特的法律精神品格和制度特征。其内在精神和实体价值取向在世界上独树一帜，既包含了中国古代博大精深的法律思想、法律意识，也包含了中国历代沿革演变的法律制度和设施。中国传统文化不仅影响了中华民族数千年，而且对亚洲周边国家产生了深刻影响。时至今日，中国传统法律文化仍在影响和制约着中国法制现代化的进程。因此，如何看待自己的传统法律文化，如何发掘和更新传统法律文化的现代价值，如何将传统法律文化与现代法律文化相融合，找寻传统法律文化与当代法治建设相契合的内容等，是中国法治建设所必须面对的问题。这些问题的成功解决，必将使中国的法制现代化在遵循世界法治化基本宗旨的前提下呈现全新的特征，必将对世界的法治化，尤其对发展中国家的法治化提供一条可资借鉴的新模式。②

第一节 传统法律文化的延续性与承继性

毋庸置疑，作为人类智慧的积累和沉淀中国传统法律文化能一直延续至今，必然有其普适的价值和存续的意义。但我们也必须清醒地认识到，因经济制度和政治制度的不同，导致传统社会与现代社会在社会意

---

① 刘旺洪，王敏. 法制现代化与中国经济发展学术研讨会综述 [J]. 中国法学，1996（6）.
② 谢晖. 价值重建与规范选择——中国法制现代化深思 [M]. 济南：山东人民出版社，1998：24.

识、价值观念等方面都有较大的差异，从而使传统法律文化与现代法律文化既存在一定程度的排斥性，又具有一定的相容相通性，既有其积极因素也有消极的因素。因此，我们在发掘、传承传统法律文化时，必须以科学的态度对传统法律文化进行认真的甄别和扬弃。

在对中国传统法律文化中的消极因素进行批判和否定的同时，我们充分认识到，不管历史如何变迁，文化在流传中都会具有一定的贯通性与连续性。传统和现实是无法割裂的，任何一个社会的发展都离不开传统，都与传统有着割不断的联系。中国传统法律文化能世代相传一直延续到今天，其自身与现代法治之间必定会存在某种相通和相容的可能性。"自由、理性、法治与民主不能经打倒传统而获得，只能在传统的基础上由创造的转化而逐渐获得。"① 任何一个国家和民族的法文化都深深地植根于一定的民族土壤之中，都是在各自民族的具体环境和地域中产生和发展起来的。这种文化一旦形成并经过长期发展，就会渐渐地沉淀于人们的信念和意识之中，自觉或不自觉地引导或影响着人们的生活习惯和生产实践。随着社会的发展和文明的进步，传统法律文化在延续的过程中，一些积极的优质的元素随着历史的发展而越发显示自身的光芒与价值，并会不断吸纳一些时代元素赋予新的时代内涵，并以某种新的形式获得延续革新，进而在现代法治文化发展中发挥积极的作用。因此，中国现代法治建设只有植根于中国传统法律文化，才有源头活水，才能构建起适合于本民族发展的法律文化形态，建立起既具有民族特色，又具有时代性和人类心灵普同性的法律文化。同时，中国传统法律文化与现代法治的相通性和相容性，还将为传统法律文化与现代法律文化在社会发展与变革过程中的如何实现科学承继成为现实，从而使中国现代法治建设更有生机与活力。

①　林毓生. 中国传统的创造性转化 [M]. 北京：生活·读书·新知三联书店，1988：5.

第二节　中国传统法律文化的现实价值

一、传统法律文化是法治现代化的内源力

中国的法制现代化过程不仅仅是立法、执法和法律制度的变革过程，从本质上也是在扬弃传统法律文化价值基础上的法律文化的重塑过程。经验和科学告诉我们，法律制度的有效建构和运作依赖于相应的法律文化的存在，法治的成长必须依赖于相应的法律文化土壤。立足中国，合璧中西，创造出具有中国特色的现代型法制，已成为国人的共识。要建立法治社会，实现法治的现代化，既要学习西方优秀的法律成果，又要吸取中国法律文化中独有的东西，从传统法律文化中发掘精华，找寻中国法治建设的有效资源。通过对传统法律文化现代价值的改造与更新，寻找法治发展的传统动力。正如孙中山先生所指出的："取欧美之民主以为模范，同时仍取数千年旧有文化而融贯之，发扬吾固有之文化，且吸收世界之文化而光大之，以期与诸民族并驱于世界。"①

二、传统法律文化中所蕴含的现代价值内容

对于有几千年历史的传统法律文化，如果用历史的和发展的观点来审视它的话，我们不仅可从中寻出其在历史发展中的合理性和曾具有的积极作用，而且也可以从中找出许多值得现在及将来借鉴的东西。

---

① 尚明轩. 孙中山全集［M］. 北京：人民出版社，2015：60.

（一）崇尚道德，对道德理想的追求是中国传统法的价值体现

从世界文明史上看，能够长久流传的思想，只有崇教。而非崇教的儒学，何以能够在中国这片古老的土地上得以繁盛生衍、大化流行、浩浩荡荡呢？其中原委复杂众多，但主要原因就是儒家虽非崇教形式，却有着与崇教相类的思想内蕴，是一种世俗性道德学问。中国传统社会的信念是道德。传统社会一直重视道德教化的作用。以忠孝节义为基础的"孔孟之道"实际上就是一个道德体系，这个体系统治了中国数千年。在中国人的观念中，道德是至上的——中国人对道德的追求不惜以生命为代价。① 杀身成仁、舍生取义成了中国人修身克己的一种价值理想。命如草芥的小民可以因"有德"而名彪史册，成为世人效法的榜样。历代统治者为了维护自身的统治，甚至把道德看成治国之本。在古人眼里，道德是做人之根本，只有当法律与道德的精神相一致时，法律才有价值。无论是法条还是司法，只有在不背离道德的情况下，法律才能得到普遍的认同。当法律与道德冲突之时，法律经常要屈就于道德。对道德的崇尚，使中国传统注意到立法的重要性，强调要立"善法"以治天下，致力将法律的负作用控制在最小范围。②

传统法把道德视为法的精神和灵魂，与现代法治上的道德价值目标是一致的。两千多年前的亚里士多德就在《政治学》中提出了法治之"良法"问题。亚里士多德指出："法治应包含两重含义：已成立的法律获得普遍的服从，而大家所服从的法律本身又应该是制定得良好的法律。"③"良法"之说提出了法治的价值判断标准问题。尽管所谓"良法"迄今尚未形成定论，但道德是良法的一大标准已是大多数人的共

---

① [古希腊] 亚里士多德. 政治学 [M]. 北京：商务印书馆，1965：199.
② 马小红，于敏. 中国传统德治与法治的思考 [J]. 法学，2002 (9).
③ [古希腊] 亚里士多德. 政治学 [M]. 北京：商务印书馆，1965：199.

识。正如法国思想家马里旦所说："法律的最终目标是使人们在道德上善良。"① 尽管法律的强制性也决定了法律的权威性，但法律真正的权威性无疑来自法律内在的信服力。因此，中国的法治现代化必须使法律充分体现应有的道德性，从而使法律具有合理的良善价值前提及基础。

但不可否认，传统的"道德至上"观念与现代法治也多有相悖之处。如轻视法治，过高地片面地强调道德的作用，最终导致与"法治"思想相对立的"人治"思想的产生。中国传统的道德观念是一种内省式的约束机制，注重个人道德的自律。然而实践证明，仅靠自律，缺乏他律和硬约束，其效力是有限的，甚至有时是苍白无力的。因此，道德必须与法律高度结合，只有法律化的道德才能真正发挥其功效，有助于人们对现代法治精神的理解。如英美国家的"公务员道德法"就是典型的"道德与法律合一"条规，内涵是道德的，但其表述方式所创造的空间是法律的。这种法律化的官员道德规范，在遏制腐败上不仅坚强有力且切实可行。

（二）德主刑辅所推崇的德治精神

中国文化一向倡导以"德"、以"礼"治国、治民、治人；强调德治、礼治、仁治。"在中国古代文献中，'德治'往往和'礼治'相通，主要指的是指引、教育，而'法治'又与'刑罚'相通，主要讲的是惩戒……也就是说，礼、德侧重于教化劝善，防患于未然；而法刑则惩戒于后，侧重于罚恶。"② 周公在总结夏、商无德而亡的教训时告诫周人："皇天无亲，唯德是辅"，要周人"敬德保民"，"以德配天"。这蕴含着以德治理国家、保持国家长治久安的重要思想。孔子进一步提出了

---

① 法学教材编辑部《西方法律思想史编写组》. 西方法律思想史参考资料选编 [C]. 北京：北京大学出版社，1983：869.

② 沈宗灵. 法理学（第2版）[M]. 北京：高等教育出版社，2009.

"德治"学说和治国方略，明确强调"为政以德，譬如北辰，居其所而众星共之"，"道之以政、齐之以刑，民免而无耻；道之以德，齐之以礼，有耻且格"① 的主张。荀子认为："古者圣人以人之性恶，以为偏险而不正，悖乱而治，故为之君上之势以临之，明礼义以化之，起法正以治之，重刑罚以禁之，使天下皆出于治，合于善也。"② 即主张"德、礼、政、刑"等治国手段"相为终始"相互配合，共同发挥作用。宋代大儒朱熹继承了孔子德刑并举、以德为重的思想，提出了"为政以德""为政以刑"的为政主张。他对孔子的"德治"思想做了深入的注释："政者，为治之具；刑者，辅治之法。德礼则所以出治之本，而德又礼之本也。"德礼与政刑互相依存，相互终始，互补互济，不离不杂。"道之以政，齐之以刑"则为德礼与刑政并施并用，德主刑辅，德先刑后，礼不齐刑齐之，刑以补德礼之不齐；无德礼而专持政刑不可，专讲德礼而无政刑，社会也就无序。德治与法治并施并用，互相依存，互相补充，才能营造一个安定的社会环境。

需指出的是，道德与法不可偏废的道理，在我国历史中有极好的证明。早在先秦时期，我国就曾有过一场延续了数百年的关于德治与法治的大争论。孔子主张"为政以德"，以道德教化为政治国的基础；法家则主张"不务德而务法"，厉行法治，完全忽视道德教化。采用法家政策的秦王朝只存在十五年就短命夭亡的教训，使汉以后的历代皇朝，都把道德教化当作治国的根本要务，由此而形成了重视道德教化的传统。这种传统对于维持社会稳定，起了重要的作用，也为我们赢得了礼仪之邦的美誉。但是在漫长的宗法社会里，真正体现中国传统法治特点的是法律关系的道德化、法治的儒家化。具体地说，是儒家所倡导的礼的精神甚至是礼的具体规范，被直接写入法典，与法律融合为一。正是因为

---

① 安小兰译. 荀子·性恶 [M]. 北京：中华书局，2018.
② [春秋] 孔子. 论语·为政 [M]. 北京：中国文联出版社，2016.

儒家伦理观念深深渗入法律之中，从而使伦理法未能走向独立法，最后走上一条"德主刑辅"、法律道德化的德治主义的道路。所以，古代"德治"的偏颇在于过分地强调了道德教化，忽视了法制。甚至以为"有治人无治法"，治乱全赖于在位者的道德修养，导致"人治"。这种"人治"传统，与现代法治社会是相对立冲突的，对其产生的影响应予消除。①

（三）以秩序和谐为最高价值理想

和谐是儒家法哲学的最高标准，因而也就成为以儒家思想为出发点的中国法律文化所求的最高价值理想。儒家的治国方略甚至一切治国措施，在很大程度上就是以社会和人际的和谐为起点与归宿的；与"天人合一"相一致，社会政治主张"中庸""中和"，追求人际关系的和谐。上至国君，下至百姓，都要以"和为贵"的立场和"仁"的原则修身齐家平天下，实现个人和社会、个人和国家的和谐与统一。和谐的理想和中庸之道所蕴含的宽容理念反映在法律意识上就形成了"无讼"的价值取向。中国人的理想社会是"法立而无犯，刑设而不用"，致力于"无讼"来维护社会的稳定。人以无讼为有德，以诉讼为可耻，以至于在人们的心理上更容易接受用调解的手段来解决纠纷，尤其是通过调解来解决民事纠纷。

追求和谐，顺应了自给自足的自然经济的价值取向——重秩序、重义务、轻权利。但它同时也淡化了人们的权利与义务的关系，法治意识淡薄，与现代市场经济法权要求相违背，是我们在法治建设中应警惕的。

（四）以"仁"为核心的"民本"思想所蕴含的民主要求

周公在总结商无德而亡的教训时，要国人"敬德保民""以德配

① 凌海金，李建光. 以德治国：传统德治的继承与创新 [J]. 桂海论丛，2001 (6).

天"，这蕴含了周公"重人"的认识。孔子"仁学"体系的确立，则标志着中国法律文化的民本理论的定型。"仁"是孔子伦理法的价值本体，包含着丰富的内容。其中最重要的一点是"仁者爱人"的观点，即重视人，关心人。为了实现真正的"爱人"目的，孔子提出了两种重要的主张和要求：其一，强调人的极端重要性的"民本"思想。《荀子·哀公》记载："丘闻之，君者，舟也；庶人者，水也。水则载舟，水则覆舟。"孔子在君民关系上，认为人民力量、人心向背对国家统治起决定作用。孔子的"君舟民水"思想一直都是后世仁人志士规谏君王重视民情的理论武器。其二，孔子要求统治者，特别是君主要"爱人"，要"为政以德"，要求统治者发挥表率的作用。"其身正，不令而行；其身不正，虽令不行。"孟子则对春秋以来的"重民"思想进行了总结、升华，提出了"民为贵，社稷次之，君为轻"的思想。认为民是国家之本，民心向背是国家和君主的安危之所系。孔子创仁学，倡德政，孟子把两者结合起来，发展了具有完整体系的政治法律理论——仁政学说。其核心是"民"字，始终贯穿着"民贵君轻"的民本精神。①民本思想所蕴含的"民主"精神与现代法治有相通之处，经先进理论的改造和更新，完全可以在现代法治的发展中起到积极的作用。

（五）义利观、诚信原则、"富而好礼"所体现的文明精神

在义利观方面，中国传统道德主张"重义轻利"，但并没有把义和利完全对立起来，只不过在两者关系上偏重于义，即强调"见利思义"。这种思想对我们今天建立市场经济新秩序具有积极的意义。"君子爱财，取之有道""取利有义""见利思义"，这是包括市场经济在内的任何社会形态都应有的起码的道德准则。

诚信，是中国古代一向倡导的一个道德原则。"诚者，开心见诚，

---

① 凌海金，李建光.以德治国：传统德治的继承与创新［J］.桂海论丛，2001（6）.

无所隐伏也。""信者，诚实不欺，信而有征也。"孟子曰："思诚者，人之道也。"程颐则认为："修学不以诚，则学杂；为事不以诚，则事败；自谋不以诚，则是欺心而自弃其忠；与人不以诚，则是丧其德而增人之怨。"可见，诚信既是为人之道，也是一切道德行为的基础。目前，在我们的经济活动中应大力倡扬"诚信"的道德精神，以使社会主义市场经济在良好的道德氛围中得以健康发展。

"富而好礼"体现的则是中国传统社会的文明观。"仓廪实则知礼节，衣食足则知荣辱。"认为百姓物质生活的贫富程度决定其道德水平的高低。因此，为政者对民众要"富之"而后"教之"。"富而仁生，赡则争止。"①

总而言之，在中国传统法律文化中蕴含有许多积极的因素，这些因素与现代法治具有一定的相容性与相通性，是我们进行法治现代化的重要资源。但传统法律文化中的许多观念都具有两重性，我们必须对其进行认真的甄别，去其封建的糟粕，取其合理性的精华。更需指出的是，传统法律文化虽有许多可资借鉴的因素，但它们的历史局限性决定了它们并不是可以直接拿来使用的，而是要根据时代的需要，赋予新的内容，使之随着时代发展而更新，从而更具生命力。

第三节　传统法律文化的创新及其实践意义

从整个人类文明发展眼光看，传统既是民族性的，又是世界性的。在传统的封闭社会，人们和外来文化的交往与接触总体上是非常有限

---

① 凌海金，李建光. 以德治国：传统德治的继承与创新 [J]. 桂海论丛，2001 (6).

的，传统的民族性是主要的；而在现代的开放社会，特别是全球化日益
发展的今天，传统的世界性是主要的。各民族的文化成果不再仅仅是本
民族的，而是整个人类文化宝库中的一个组成部分。甚至古代各民族在
封闭状态所创造的文化成果，也成为全世界人民的共同财富。① 因此，
当今天我们有暇对传统法律文化进行从容的反思，有暇对西方法律做细
致深入的甄别时，不仅要有厚重的历史眼光，还要有博大的世界眼光。

　　在中国法治现代化的道路上，我们既要学习西方优秀的法律成果，
将西方法观念中适用于中国的积极因素有效地融入中国法观念之中，从
法律移植中缩短距离，降低法治建设的成本，加快我国法制现代化的历
史进程；更重要的我们要从民族的本源文化中找寻精华，挖掘传统法律
文化的宝贵资源。党的十九届六中全会《中共中央关于党的百年奋斗
重大成就和历史经验的决议》指出："人类历史上没有一个民族、一个
国家可以通过依赖外部力量、照搬外国模式、跟在他人后面亦步亦趋实
现强大和振兴。"② 这一科学论断是在深谙我国国情的基础上，对借鉴
国外先进法治经验和挖掘本土优秀文化资源所做的客观论述。如果我们
不能创造性地发挥和应用本土资源中这些合理的积极的文化因素，那么
中国的法治建设就没有深厚的文化基础，法治建设算不上真正的成功。

　　毋庸置疑，有着五千年悠久历史的中国传统法律文化蕴含着极其丰
富的现代价值因素，是法治现代化的内源力。这些因素经过不断地革新
和改造后必然会焕发出新的生命力，在中国的法治建设中找到更广阔的
发展天地，并在多元并存的世界法律文化之林中独树一帜。中国的法治
现代化亦将呈现出一种全新的模式，为世界法治的发展提供新的路径、
新的借鉴。

---

① 张艳玲. 中国传统法律文化及其现代价值 [J]. 南京师范大学硕士学位论文, 2002 (05).
② 中共中央关于党的百年奋斗重大成就和历史经验的决议 [M]. 北京：人民出版社,
2021：67.

第二章

建构中国特色的现代法律文化

中国开启全面依法治国的新征程后，中国法治进入向中国式法治现代化的转型时期。法治现代化是一个庞大而又复杂的社会系统工程，它的建构过程便是各种社会法律价值观念与法律制度模式的碰撞、融合和重构过程，同时也是一个社会法律文化重新建构的过程。作为一个客观的历史进程，无论从理论上还是从实践上，中国法律文化现代化必须正确认识和处理好中国法律文化和西方法律文化、中华传统法律文化和现代法律文化之间关系的两大问题。

第一节　中西法律文化的差异性和互补性、互容性

一、中国法律文化与西方法律文化的差异性

中国法律文化源远流长，独树一帜。中国是一个具有悠久历史的文明古国。一方面，受地理环境和气候的影响，中国人的祖先习于安居，以农耕为主，自给自足，是典型的农业社会。长期以来自给自足的自然经济，造就了协作和交换需求不高，竞争意识不强，经济发展内在动力

不足；讲求秩序，追求人与人之间、个人与社会、国家之间的安宁和睦。法律意识不强，形成了以"无讼"为上的价值取向；发生争议和纠纷时，人们更愿意使用和接受调解的方式来解决。另一方面，中国又是一个有着数千年专制统治的国家，君权至上、家国一体，法由君生、重礼治而轻法治，重义务而轻权利。新中国成立初期，我们对中国厚重的传统文化的改造和扬弃重视不够。法律在当时的中国社会中地位不高，在社会关系的调整中没有起到主要作用。加上"文化大革命"期间社会主义法制曾一度遭受严重破坏，民众对法律的依赖感和信任度不高，法律的信仰还没有真正在全社会树立起来。

西方的法治已有千年传统，西方的法律思想可直溯古希腊罗马。古希腊半岛山多、岛屿多、海湾多、良港多，适于开展海上航行和海上贸易活动。商品经济发达，催生人们的平等、自由、契约等法律意识，商法文化也因此得以产生和发展，法治的理念也在不断深化。在西方，法律文化作为一种精神活动，认为法律最初起源于上帝或自然法。在西方民众的心目中，法不是工具而是对宗教对上帝的信仰，法亦因宗教信仰的神圣性和崇高性而变得更加神圣与权威，并为法治与宪政的发展提供了深厚的思想文化基础。相比之下，中国崇尚礼治，中国传统文化具有独特的礼法主义性质，具有浓厚的人治主义色彩和强烈的德治主义精神，传统法律文化以秩序和谐为最高价值理想。

不同的社会生活环境，不同的历史文化传统和文化底蕴，铸就了不同的民族的不同的法律文化及价值取向，中西法律文化的差异亦成为必然。中国人主张道德至上，重义务轻权利；西方人主张法律至上，权利为本。中国人追求"法立而无犯，刑设而不用"，西方人追求法的实施与完善；中国人崇尚德主刑辅，西方人崇尚法律便是自由；中国人致力于"无讼"以维护人际关系的和谐，西方人则以"好讼"来维护自己的权益；中国人注重由里及表的道德自律，西方人注重由表及里的制度等。这些客观存在的差异，在中西法律文化交流中必然会带来一定程度的碰撞与冲突。如果没有客观地、公正地认识中西方法律文化的差异性，没有深刻理解西方法理精神与法律原则，没有尝试在立足中国国情的基础上，批判地学习与吸纳西方文化，而仅仅是试图用西方的法观念批判、改造甚至摒弃中国传统法律，其结果自然是不言而喻的。譬如不论是清末修律还是民国立法，一些有见识有抱负的学者意识到中国的落后而西夷有"长技"可师，积极主张中国学习和借鉴西方的优秀文化和法律制度，认为"仍不戾乎我国历世相沿的礼教民情"，鼓吹"中西法律兼收并蓄。"① 他们试图在中国移植或重构西方现代的法律秩序，忽略了几千年传统文化对中国社会的深厚影响；甚至试图用西方法治观念取代中国法治观念时，导致外来法律与本土法律资源的割裂，最终结果"法治秩序的好处未得，而破坏礼治秩序的弊病却已先发生了"②。产生这样结果的因素当然是多样的，但最重要的是任何一个国家的法文化的产生与发展都离不开本民族的地域与环境的土壤，都是本民族千百年民族思想文化的反映与延续。这种文化一旦形成并经过长期发展，就会深深地渗透在人们的思想意识之中，潜移默化地影响着人们的生活及实践。正如德国法学家萨维尼所说的，法律并不是孤立存在的产物，它植根于一个民族的历史中。渊源于传统民族的普遍的信念、习惯和民族的共同意识，法律由民族特性和民族精神所决定，而绝不是立法者可以随意制定的东西。③

① 莫敏，李建光. 论法治和德治的现实统一［J］. 齐齐哈尔大学学报（哲学社会科学版），2002（4）.

② 莫敏，李建光. 论法治和德治的现实统一［J］. 齐齐哈尔大学学报（哲学社会科学版），2002（4）.

③ 李宗桂. 中国文化概论［M］. 广州：中山大学出版社，1988.

二、中西法律文化的互补性与互容性

毋庸置疑，中西法文化各具品格，各有所长。如在法学研究上，中国注重从经验中演绎，西方注重从法理中推理；在法学实践中，中国重自律，崇尚教化劝善，法刑罚恶；西方重规范，视法律为维护人权的最好武器；中国人重视德治，强调以德为政，以秩序和谐为最高价值理想；西方人崇尚法治，强调有法必守、"官吏是法律的仆人"。因此，作为人类世代相传的文化的结晶，它们在形成和发展过程中，其间必有一些普适性的价值观和超越时空的合理内核，两者可以取长补短，互相补充和相互包容。如对道德的崇尚，倡导良法之治，道德是良法的一大标准，一直都是东西方人的共识。在中国，"立善法于天下，则天下治；立善法于一国，则一国治"，立"善法"以治天下是中国传统法律文化一直追求的目标。在西方，两千多年前亚里士多德认为法治应包含良法和守法这两重含义的法治思想，亦早被西方启蒙思想家认可并接受，并融入民主、自由、平等和人权等理念，将之逐步演变成为西方各国的政治实践，进而成为国家的治理方式。

尽管中西法律文化在法律文化发展进程中轨迹不同，但随着时代的发展也会在碰撞中或冲突中相互影响逐渐走向融合。1840 年鸦片战争爆发，中国的大门被西方列强用武力打开。中国传统法律文化亦第一次遭到西方法律文化的冲击和挑战。随着西方民主政治和平等、自由、权利等"个人本位"的法律观念传入中国，我国的法律文化显现出中西交错的多彩风姿。一批有觉悟的先进人士如康有为、谭嗣同、梁启超等开始反思民族固有的传统文化。此间，中国知识界系统地翻译和介绍了西方民主政治学说，以及以"个人本位"为理论基石的法治理念，唤起了中国人法律意识的觉醒，促使清政府进行变法。① 由此，中华传统法制自 1901 年晚清"新政"开始变革，这亦可视为中国法制现代化的开端。党的十一届三中全会以来，随着 40 多年的改革开放，我国在经济文化等领域都与西方各国开展了大量的交流与合作。中西法律文化在相互的交流合作中碰撞，在碰撞中相互影响相互渗透。在继承和转化我国优秀传统法律文化的基础上，我国借鉴和吸收了西方国家的一些先进法治理念和法治成果，结合中国国情民意，建构了一套规模庞大、门类齐全、结构严谨的法律制度。初步形成了以宪法为核心的社会主义法律体系，加快了中国的法治现代化进程。特别是在加入世界贸易组织后，中国吸收和借鉴了西方的法律制度，修订和颁布了一些与国际社会通行法律、法规和惯例相衔接的法律法规，而且参与了国际贸易与投资管理规则的制定。我国的民法典在编撰过程中也学习和吸纳了一些外国近现代民法的先进法律成果。同样，随着全球经济文化的一体化，中国的法律文化也在一定程度上影响了西方法律文化。中国传统法律文化中以"无讼"来解决矛盾、维护人际关系的安宁和谐以及由此衍生、发展出来的调解制度，作为诉讼外的一种调解机制，被国际社会称为"东方经验"，被以美国为代表的西方国家作为审判外解决纠纷的方式或非诉讼纠纷解决程序予以借鉴和利用。② 还有在司法审判中注重情、理、法相结合的司法理念，也对西方国家的法律制度产生了一定的影响。相信随着全球经济的一体化，法律文化的互补性和互容性及其文化本身所具有的传播、交流等特性，必定会打破各民族时空的限制，在更广阔的领域中交汇，在相互的交流中碰撞，在碰撞中互容互补。这个交汇的过程既是中西文化各自认识、寻找、提升，最后形成各民族特有的法律文化

---

① 马俊驹. 中国民法的现代化与中西法律文化的整合［J］. 中国法学，2020（1）.

② 王晓广. 全球化背景下中西法律文化的交流、冲突与融合［J］. 广西师范大学学报（哲学社会科学版），2010（3）.

形态的过程，亦是具有时代性和人类心灵普同性的法律文化的形成过程。

第二节 中国传统法律文化和现代法治的
排拒性与贯通性、相容性

一、传统法律文化对现代法治的排拒性

中国是一个有着数千年封建专制统治的国家。政治传统和法律文化一向崇尚权力至上，推崇礼治而轻视法治。传统伦理和自给自足的小农经济严重抑制个人权利的需要，法律意识较弱，法律历来强调义务本位，多禁止性条文。在这样的政治传统和法律传统文化的影响下，衍生了权力至上、专制特权、义务本位等与现代法治精神相悖的消极的法律观。毋庸置疑，在这样一个政治传统和法律文化的基础之上移植或建设现代文明的法律制度，建设法治秩序，必然会导致现代法治理念与传统的法律文化的冲突，这些冲突甚至将会随着中国法治建设进程之始终。从现代法治理念审视，这种观念上的冲突主要体现在以下几方面：一是法律至上原则与权力至上传统的冲突；二是法律平等原则、普遍性原则与"礼治"等级观念和特殊性精神的冲突；三是保障人权和自由的法治原则与法的工具性取向的冲突。① 这些冲突表明，中国传统的政治法律文化与现代法治理念在这些问题上是相互排拒、互不相容的。这种不相容也正是百年中国法治建设进程艰难曲折、新法治观念在中国这方水土常常"化橘为枳"的一个主要原因。1911 年后，随着外来法律的大

---

① 陈剩勇. 中国法治建设的法文化障碍 [J]. 浙江学刊，2002 (1).

量移植，中国的法律制度和法律体系逐渐西化，但中国传统法观念与法律意识并没有随着法律制度的变革而改变。时至今天，现实中依然还有很多人的观念中还顽强保留着传统痕迹。在道德与法律产生矛盾对立时，人们更多的是维护道德的神圣。在人情与法律相互博弈时，时常取胜的是人情。在法与权的较量中，经常是"权力至上"。创建一种法律制度不难，但要改变自老祖宗以来日复一日积蓄而成的深厚的法文化观念却非朝夕即可实现的。正如 20 世纪著名的奥地利分析法学派学家汉斯·凯尔森和英国的伟大法学家哈特等人所认为的：法律的基础并不仅仅是法律的，法律赖以建立的基础，是经济、政治以及社会、文化上对法律统治的接受。法律制度能够存在并有效地运行，一个重要条件就是法律规则为社会所普遍地接受。① 纵观法律文化发展的规律和实践，法律观念的变革要远比法律制度的更新要复杂与艰巨。同时，如果只是变革法律制度，没有相应地革新社会成员的法律观念，变革后的法律制度也将形同虚设，无法得到有效的实施，从而发挥其社会作用。这就是为什么法治能在西方民主与宪政进程中发挥巨大作用而且不断发展，而在引进中国后，却一次又一次地在现实中碰壁，无法实现中国变法者推进中国的法治进程的变革梦想。传统法文化与现代法文化的尖锐冲突，昭示了中国法治建设的艰巨性、复杂性和必要性。因此，要实现中华传统法文化向现代法文化的转换和提升，必须从中国本土资源中寻找支持，坚持从中国法律文化的传统和实际出发，在变革和发展法律制度的同时，不断变革和提升人们的法律精神。其中，法律精神和法治理念的现代化既是社会法律文化现代化的实质和核心，也是中国法治化的难点之一。

---

① 法学教材编辑部《西方法律思想史编写组》. 西方法律思想史参考资料选编［C］. 北京大学出版社，1983：869.

二、传统法律文化与现代法治的贯通性与相容性

毋庸置疑，对于传统法律文化的消极因素必须予以否定。但在批判和反省传统法律文化的负面作用与消极影响时，我们也应该看到，作为世代相传的一种历史文化力量，中华传统法律文化自身独特的品格与思想范式必有一些可以代代相传的普适性价值。中国传统法律文化与现代法治之间必然会有相容相通之处。

中国传统法律文化与现代法治的相容相通，首先，源于文化本身在历史进程中的贯通性和连续性。历史唯物主义告诉我们：历史和传统是无法割裂的，传统注定要对现实产生影响，任何一个社会都不能完全摆脱与过去传统的联系。中华传统法律文化经过人类历史千百年的积累和沉淀，必然会以一定的形式延续和流传，其优秀的成分必然会对现代法文化产生积极的影响。如"明德慎罚"的重德思想，中庸之道所蕴含的宽容理念，"民本"思想所具有的民主要求，守信观念所推崇的诚信精神，大同理想所包容的秩序要求等，都在不同程度地与现代法治精神相容相通。这些蕴含在传统法中的精华因素可以说是中国法治化建设不可或缺的源泉。正如"没有希腊文化和罗马帝国所奠定的基础，也就没有现代的欧洲"① 一样，中国法治建设如果缺乏对传统法律文化的延续与传承，就如同水没有源头，树没有根。作为一个历史的连联过程，传统法律文化并未因其是历史的东西而丧失自身的价值。它在或大或小的程度上以某种新的形式获得延续，进而在现代法治文化系统中发挥新的作用。其次，传统法律文化与现代法治的相通相容，是因为一个国家或民族在社会的发展与变革中都面临着如何使传统文化与现代文化实现科学合理承接的问题。任何一个国家和民族的法文化都

① 恩格斯. 反杜林论［M］. 人民文学出版社，1962：168.

深深地植根于一定的文化土壤之中，都是在各自具体的民族环境和地域中产生和发展起来的，是延续千百年的民族文化在法律这种文化现象上的反映和折射。这种文化一旦形成并经过长期发展就会根深蒂固地积淀于人们的文化心理之中，自觉或不自觉地指导或制约着人们的日常生活及生产实践。正如德国伟大的法学家萨维尼所说：法律并不是孤立存在的产物，它根植于一个民族的历史中，渊源于传统民族的普遍的信念、习惯和民族的共同意识。法律由民族特性和民族精神所决定，而绝不是立法者可以随意制定的东西。① 因此，我们必须用发展的、联系的眼光对待传统、对待现实。现代中国法治唯有在传统法律文化的土壤中深耕厚植，才能真正实现传统法律文化与现代法治的科学承接与发展。

第三节　建构中国特色的现代化法律文化

诚然，中国传统法律文化自成体系，特色深厚。既有其积极一面，也有其消极一面。一方面，中华传统法律文化是中国法治化不可或缺的内源力；另一方面，其消极因素又对中国法治建设产生现实和潜在的阻力。因此，如何消除或弱化阻力、发挥并强化动力，以及继承或移植的战略选择、经验或建构的道路选择、权威或民众的动力选择、私法或见法优位的规范选择等，都是中国法治建设必须直面解决的问题。这些问题的有效解决，不仅是对中国法治化的模式创新，也是对世界法治化的模式创新。

---

① F. C. V. Savigng, of the Vocation of our Age for Legislation and Jurisprudence, London, 1830: 30.

习近平总书记在哲学社会科学工作座谈会发表的重要讲话指出：要"不忘本来、吸收外来、面向未来"①，是对如何善于融通和借鉴古今中外优秀法律文化资源所做的科学论断。一个优秀的民族在承继本民族的优秀传统文化的同时，也要善于学习和借鉴外来的先进文化。因此，构建中国特色的现代化法律文化，首先要"不忘本来"，善于挖掘和传承中国优秀传统法律文化中的积极因素，舍弃那些和现代法治精神不相容的消极因素。中华传统优秀法律文化是中国数千年以来历朝历代的统治者、思想家、官员、民众在国家和社会治理中的智慧和实践经验的总结，是中国现代法治化建设的源头活水。"吸收外来"，就要结合我国的国情，充分审视不同国度、不同体制之下的意识形态和法律文化传统等方面的差异，扬长避短，博采众长。注重对国外优秀的法治精神和先进法律价值观念的学习，把西方法观念中适用于中国的积极因素有效地融入中国法观念之中。"面向未来"就是要站在全球化和世界大变局的历史高度，运用马克思主义法治理论，对古今中外法文化进行挖掘、转化与提升，构建真正具有中华民族特性的现代法文化。同时，人类文化自身的延续性与承继性及其所特有的传播、交流等特性决定了法律文化必定会冲破民族和国界的局限，到更广阔的世界中去交流和融合，寻找适合于本民族发展的法律文化形态，从而建立起既具有本民族特色，又具有时代性和人类心灵普同性的法律文化。

总之，在中国社会改革转型的关键时期，中国法治现代化不仅要学习和借鉴西方先进的法治精神，真正理解西方法理精神与法律原则，更要积极主动寻求中国传统法律文化的支持与革故鼎新，实现中华传统法文化向现代法文化的转换和提升；坚持从中国法律文化的传统和实际出发，在变革和发展法律制度的同时，不断变革和提升民众的法治精神。

① 习近平. 在哲学社会科学工作座谈会上的讲话 [N]. 人民日报，2016-05-19（2）.

其中，法律精神和法治理念的现代化既是社会法律文化现代化的实质和核心，也是中国法治化的难点之一。由此，建构中国特色的现代化法律文化过程也是一个重塑中华民族法治文化精神的过程，任重而道远。

第三篇

法律语言篇

第一章

语言与法律的相互作用及影响

　　人类社会既有法律，就有负载法律的语言。法律与语言的关系非常密切。在现实中，法律领域是语言运用的重要领域，法律语言规范着法律、发展着法律，也实施和实现着法律；同时，法律制度、法律文化的产生和发展，又丰富和完善了法律语言的形式和内容，促进了法律语言的发展和完备。语言形式与法律内涵的高度融合建构起法律的意义世界。

　　法律是由语言表达的。"法和语言间的不可分割的紧密联系同时也表明语言对法的制定和适用产生的影响：法的优劣直接取决于表达并传播法的语言的优劣。"① 法律的意义世界是由语言建构起来的。"如果没有语言，法和法律工作者就只能失语。"②

　　人类社会既有法律，就有表达和记载法律的语言。这种语言就是我们常说的法律语言。语言和法律相互依存共同发展。"可以说，语言之外不存在法。只有通过语言，才能表达记载、解释和发展法。"③ 正因

---

① ［德］伯恩·魏德士. 法理学［M］. 丁晓春，吴越，译. 北京：法律出版社，2003：70-73.
② ［德］伯恩·魏德士. 法理学［M］. 丁晓春，吴越，译. 北京：法律出版社，2003：70-73.
③ ［德］伯恩·魏德士. 法理学［M］. 丁晓春，吴越，译. 北京：法律出版社，2003：70-73.

如此，对法律语言的研究，探索法律与语言的关系，探寻语言对法律的影响和意义，通过语言探究法律一直是法律人的学术使命。

一、语言对法律的影响和意义

（一）法律语言既是法律文化的产物，又是记录法律文化的工具与载体

语言是人类最简捷、最有效，从而也是最重要的交际工具。它是人类在社会生活中交流思想、传播信息、用以组织一切社会活动、协调一切社会关系的有效手段，也是人类传承文明成果的重要载体。从古代到今天，许多思想家都对语言与历史、语言与文化的联系予以高度的关注与重视。特别是在 20 世纪欧洲的结构主义者看来，语言已不再仅仅是一种人类实践客体化的产物，它本身就是人类的一种实践模式，并对人类的其他实践行为产生决定性的影响。更有学者认为语言本身就是一种社会系统、文化系统，一种主宰人类发展模式和历史景深差异的"看不见的手"。受他们的影响，在欧洲，一些法学家运用语言与文化能指、所指的对应系统的理论，对法律史、法律文化进行了再解释。的确，法律语言的词语更替、语义流变，本身就是一部特殊意义的法律文化史。与传统的法律文化研究范式注重对法律制度的变化的研究相比，这种研究更加注重一种动态的研究，是对特定语境下人们的思维方式、信仰习惯和知识世界的变化的研究。① "语言不是与生俱来的。语言的掌握必须经过不断的社会的学习过程。"② 从语言演化的角度来看，人类社会的文明史乃是一部语言从低级到高级、从口头语到书面语的演进

---

① 韩殿栋. 法律语言的语体风格及其文化阐释 [J]. 中央民族大学硕士学位论文，2005 (4).

② [德] 伯恩·魏德士. 法理学 [M]. 丁晓春，吴越，译. 北京：法律出版社，2003：70-73.

史。在人类长期交往过程中，语言的形成及内容随着社会的历史变迁而不断发展变化。正如我国学者周少华在谈及语言对法律发展的影响时指出的，如果没有语言形式由声音到文字符号的发展，法律的成文化就没有可能。

在人类法律历史发展的早期，由于文字还未产生，声音就是内在观念的标记。在法律发展的"无形法"阶段，行为规则是"用声律成句，以便口传记诵"。而从习惯法到成文法的发展是一个漫长的历史过程，其间还经历了一个"非成文的制度法"的发展阶段，它是"无形法"的高级阶段。与早期的习惯法相比，非成文的制度法已经是比较系统、成熟的法律。这种进步是语言对习惯法进行过滤和整理的结果。其存在和传播，对语言有着更为直接的依赖，因为必须借助语言，这种观念形态的法才能被深深地镶嵌到国家政治制度的架构之中。①

随着人类文字的发明及成熟，法律的发展进入新的"法典时代"。通过编纂法典为法官的司法活动设定依据和界限，并促进法律的普及和公开，目的是以法律这种理性形式作为治理国家的手段，抑制君主或政府滥用职权。因不同民族的语言和文化的不同特性，不同民族的语言形成了不同风格的法典；在法典的形成过程中，语言也自然将一个国家的文化传统和民族精神融人其中。比如作为近代法典的精良之作《法国民法典》和《德国民法典》。尽管文化传统、语言风格迥异，但因其共同的法律精神而垂范久远。由此可见，法律的产生、演变和发展均离不开语言。人类的语言从口语到文字的发展过程，同时亦是法律从习惯法向成文法的演变过程。

语言本身又是一种文化现象，它是语言使用者的习惯和信念的记录与反映。语言的萌芽标志着人类创造文化的开端，尽管语言有其自身的

---

① 周少华. 规范技术和语言权力——语言在法律中的意义 [J]. 法商研究，2006（6）.

特点和自身的发展规律，但从根本上看，语言的发展便是人类文化发展的重要成果。因此，从这一意义上说，语言乃是文化的内核。当将文化的层层外衣——剥离后，显露出来的核心的东西就是语言。① 也正因如此，法律语言的变化和发展并不仅仅是因语词变化和语言形式的不同所致，它更根本的是法律文化意义的演变。历代许多优秀法律语言作品包括有关法律语言认知和运用技术的著述能流传至今的，都是源于对本民族优秀法律文化的记载与传承。仅以中国古代汉民族法律语言而论，它既是中华法系的独特法律文化的产物和一种独特的表现形式，同时又是这种法律文化的记录、表述工具，从而使中华法系的法律文化精髓得以保存、流传并得以在全世界范围内进行交流。古代汉民族法律语言中的一整套颇具古中国特色的法律和法律术语，应看作其一大基本特色。律、令、科、比、五刑、五听、狱、判、囹圄、录囚、八汉、城旦、鬼薪、凌迟、车裂、腰斩……虽然这些词语与现代汉民族法律语言的词汇系统还有着千丝万缕的联系，但差异极大。这种巨大差异，正是中国法律文化在不同的发展阶段固有特征的呈现；唯有语言，才能记载与再现不同历史时期迥然有别的中国法律文化特征。

（二）法律领域是语言运用的重要领域

在现代法治社会，法律语言已成为法制和法律文化成熟的象征，也是法律文化最重要的组成部分。运用法律语言的终极目标，就是建立法律语言的"话语权威"，最终实现司法公正的法律价值目标。

1. 法律语言的发展可以促进法律之治

作为重要的社会活动领域之一的法律领域，其神圣而庄严的使命是：以立法制定法律法规；以司法实施法律法规。作为立法者，在立法

① 韩殿栋.法律语言的语体风格及其文化阐释［J］.中央民族大学硕士学位论文，2005（4）.

过程中，为了充分体现法律所代表的国家意志，其目标就是将纷繁复杂的社会现象提炼为相应的法律规范，试图借助语言将国家意志与社会行为对应起来，语言便是其表达意图实现目标的重要手段；作为司法工作者，语言是理解法律、诠释法律、实施法律并以此作为确定行为规范的准则。作为一种社会调整手段，法律规范首先要进行价值的选择和确认。只有在此基础上，才能有效发挥法律规范的教育功能、行为指引功能和其他功能。在法律实践中，法律的意义往往需要通过法律规范的语言来体现和确定。法律语言的功能和意义唯有被社会公众理解和接受，才会真正地发挥其功效。梅因曾言："古代法典之所以会创造成功是由于文字的发现和传布。"① 表面看来，法律的成文化似乎只是法律表达方式上的进步，但实际上，法律由无言的声律语言转变为有形的符号语言，表明其已对法律乃至社会的发展产生了深远而重大的影响。法的成文化不仅使法律从贵族阶层走向平民阶层，并且使法律规范的规定有章可循，抑制了司法的恣意擅断。成文法的公开性更是为立法者和守法者划定了行为边界的准则。尤为重要的是，法律的成文化使社会权力的运行方式发生了重要的改变，令公权力的行使变得公开有序。当统治者的行为与自己颁布的法律相违背甚至违反法律施行暴政时，民众就有了抗争的依据和权利。因此，在一定意义上，法律语言直接体现司法公正，成为司法公正的一部分，语言和法律因此达到了高度的融合。

基于此，托克维尔说："美国几乎所有的政治问题都迟早要变成法律问题，所有的党派在他们的日常活动中都要借助于法律语言。"② 对于国家而言，"法律条文含义不清，罪文不明，足以使一个政府堕落到

---

① 杨仑，高俊亮. 语言对法律的意义 [J]. 宁夏大学学报（人文社会科学版），2005 (5).
② ［日］穗积陈重. 法律进化论 [M]. 黄尊三，等，译. 北京：中国政法大学出版社，1997：7.

专制主义中去"①。因此，"法律语言最好是确切的、简洁的、冷峻的和不为每一种激情行为左右的。最好的法律文本是出色的文学作品，它们用精确合适的词语模塑出一种世界经验，并帮助我们通过同样精确的富有美学意义的语言模式，把人类的共同生活调控到有秩序的轨道上。"②一部好的法律必须是语言准确规范、逻辑严谨周全，从内容到形式都可堪称典范的文献。它不仅能极大地促进法律的遵守和实施，还可以提升法律的尊严和法律的权威。

2. 法律语言的运用可以促进法律解释制度的完善

人的智慧是有限的，社会现象是无限的。不论立法者如何睿智、如何严谨、如何具有前瞻性，规则条文也不可能穷尽所有的行为准则，不能应对一切具体案件。法律规范永远都是普遍性的。并且，"在现代工业社会，众多生活领域中的迅速发展不断产生新的问题和利益冲突。因此，法律总是有漏洞的"③。成文法中不可避免地出现"立法空隙"，加上语言本身的不确定性和"开放性"，必然会因语境的不同而出现歧义和模糊。因此，法律是需要解释的，法在解释中存在并在解释中发展，同时，法也只能在解释中才能获得真正的理解与适用。法律解释的任务就是"实现法律确定的（法律政策的）目标"④。法律规范中使用的不确定法律概念或一般条款，因其抽象性和模糊性，不具有十分明确的内涵和外延，并缺乏严格清晰的构成要件。因此在法律适用中无法将有关

①　[美] 托克维尔 . 论美国的民主：上卷 [M]. 董果良，译 . 北京：商务印书馆，1988：310.
②　[美] 托克维尔 . 论美国的民主：上卷 [M]. 董果良，译 . 北京：商务印书馆，1988：310.
③　[德] 伯恩·魏德士 . 法理学 [M]. 丁晓春，吴越，译 . 北京：法律出版社，2003：70-73.
④　[德] 伯恩·魏德士 . 法理学 [M]. 丁晓春，吴越，译 . 北京：法律出版社，2003：70-73.

客观事实直接涵摄于概念之下，而是必须在适用之前由法官和其他执法者进行价值判断，予以价值补充，使其内涵和外延具体化后才能实践其规范功能。"价值补充"促成了不确定法律概念和一般条款的意义和目的的实现。比如"善良风俗""显失公平""诚实信用"，这些法律概念本身也是伦理概念，当然需要参酌社会伦理秩序和公平正义原则来确定。同时，社会伦理观念也是变化的，因而适用时必须与时俱进。解释本身就是一种语言实践。语言不仅是司法者的解释工具，而且也是解释活动的对象性要素。伽达默尔认为，理解就是在语言上取得相互一致，整个理解过程乃是一种语言过程；一切理解都是解释，而一切解释都是通过语言的媒介而进行的。① 如果在法律解释中因为文字表达问题出现歧义，则会对法律的实施带来非常不利的后果。因此，法律语言的准确运用，可以使法律解释更加严谨，法律自身更加和谐，从而真正发挥法律解释的作用。

二、语言生活需要法律的保证

语言是权力（power），语言是民族权利的重要组成部分。每个国家都会用法律条文来规定相关语言的地位。有些国家语言问题比较简单，有的国家语言问题比较复杂；有些国家的法律体系比较健全，有些国家的法律体系不够健全。我国是一个语言问题比较复杂的国家，一是中国幅员辽阔，有 56 个民族，少数民族的语言和方言种类繁多。二是我国正处于经济文化蓬勃发展的新时代，中国与世界各国、中国各民族之间的交往、交流、交融程度都呈现了日益扩大和深入发展的态势。语言在社会各个领域发挥的作用越来越重要，需要解决的语言问题也越来越多

---

① ［德］阿图尔·考夫曼，温弗里德·哈斯默尔.当代法哲学和法律理论导论［M］. 郑永流，译.北京：法律出版社，2002.

地上升到法律的层面。"语言能力的高低决定了法律质量的优劣","法律职业的语言成熟性则直接决定了整个社会法治化程度的高低"①。

语言和法律都是人类历史上最古老的社会现象之一。在人类社会形成和发展的整个过程中,语言是人们最基本的社会交际工具,片刻不能脱离;法律是人们最基本的社会行为准则和规范,须臾不可或缺。中国改革开放 40 多年,随着开放和全球化、信息化的不断推进,国内交际和国际交际日益频繁,人们的价值观念和各种社会行为规则,以及语言的交际方式,都发生了明显的变化,变得更加多元复杂了。因此,在政治、经济、教育、传媒等正式场合的语言文字活动,不时需要法律来规定和规范;相应的,各种法律活动也需要更加准确和规范化的语言来表述和记录。语言现象和法律现象之间的交集越来越多。比如说进入 21 世纪,特别是加入世贸组织以后,中国与国际接轨的领域将越来越多,这样就需要一种规范的社会通用语言文字来适应国内和国际正式场合语言交际的需要。深谙法律条文的著名英国法学家、大法官曼斯斐尔德勋爵曾一针见血地指出:"世界上的大多数纠纷都是由词语引起的。"因此,为语言立法,用法律来保护和规范语言已成为法治社会的一个重要责任与使命。在我国,许多现行的法律法规中有关于语言的规定。《中华人民共和国宪法》规定"国家推广全国通用的普通话";2001 年 1 月 1 日开始实施的《中华人民共和国国家通用语言文字法》标志着我国的语言法律建设进入新时代。现在,党的十九大报告提出"铸牢中华民族共同体意识",其中一个基本要求就是全民学习、掌握和使用国家通用语言文字。在中国,中华民族的"共同语言"就是宪法规定的"国家推广全国通用的普通话"、《国家通用语言文字法》界定的"国家通用语言文字是普通话和规范汉字"。在推进"学习和使用国家通用语言

---

① [德] 伯恩·魏德士. 法理学 [M]. 丁晓春, 吴越, 译. 北京: 法律出版社, 2003: 70-73.

文字"法律实践的同时，为了保护和传承体现中国统一的多民族国家形成、发展的历史谱系和文化多样的种类繁多的中国少数民族的语言，我国宪法规定："各民族都有使用和发展自己的语言文字的自由"，"各民族公民都有用本民族语言文字进行诉讼的权利。人民法院和人民检察院对于不通晓当地通用的语言文字的诉讼参与人，应当为他们翻译。在少数民族聚居或者多民族共同居住的地区，应当用当地通用的语言进行审理；起诉书、判决书、布告和其他文书应当根据实际需要使用当地通用的一种或者几种文字"；民族区域自治地方的自治机关在执行职务的时候，使用当地通用的一种或者几种语言文字；民族自治地方以少数民族学生为主的学校及其他教育机构，使用国家通用语言文字和当地民族通用的语言文字实施双语教育。这些法律规定都立足于统一的多民族国家的基本国情，在切实推广国家通用语言文字的同时，保障了少数民族语言的使用和发展。这既是铸牢中华民族共同体意识不可忽略的问题，亦是全面依法治国必须坚持和落实的法律规定。用法律来规范和保障语言生活已成为现代社会生活的必需。

三、语言学可以成为司法的重要技术

西方学者对法律语言的关注和研究，发端于希腊时代。在法律语言发展史上，从亚里士多德、西塞罗等人对修辞的关注，到 19 世纪在逻辑学指导下，大卫·梅林可夫、克里斯多与戴维等人的书面文体研究，再到奥巴赫·阿特金森及德鲁对法律语言的社会学研究，构成了对法律语言终极价值存在的追寻历程。西方学者对法律语言的认知和探索一直在持续，对法律语言的研究也在不断地深入。现在西方学者研究法律语言学的方法更加深入多样，他们大量引进和借鉴修辞学、逻辑学、心理学、哲学等多门学科的方法与成果，使法律语言学的研究呈现了更多、

更独特的学术视角，成果更加丰硕。

利用语言学研究和解决司法领域的问题，语言学便成为一种非常有用的司法技术。比如，利用方言学、语音学、文字学来帮助认定人的身份；利用语言统计技术进行测谎；通过对书面或口头语料的话语分析，判定犯罪嫌疑人、涉案人员甚至执法或司法人员所言是否真实，是否有欺骗性以及探究其话语的真实意图或动机；通过词汇、句子和篇章层面的研究，有助于准确地解释法律文件；等等。在当代西方，法律语言学发展的重要标志之一是成果在司法实践中得到正式应用。越来越多的语言学学者直接参与案件审理，为司法实践增加了一种新的动力。同时，学者们还以诉讼与非诉讼法律事务中涉及各种活动的语言行为作为研究对象，其中法庭语言研究是语言学学者目前所关注的焦点和研究重心。这方面的研究成果最为丰富，对整个法律活动所起的作用也最直接。如英国、澳大利亚、美国等已有不少语言学家作为诉讼专家参加法律活动，尤其是法庭活动，他们工作的成效性得到法律界的肯定和认可。这些专家的活动从法律语言特点的研究到研究的具体应用，涉及的范围已相当广泛。司法界及政府也给法律语言学研究提供很大方便，例如司法活动语言材料的收录，庭审音像材料复制，最新案例语言分析等。中国是个有着 14 亿人口的大国，有着几千年的法制史，是一个语言文字资源丰富的国度。随着中国法治进程的不断推进，诉讼案件不计其数，为法律语言学家提供了广阔的研究领域和丰富的语言资源。这既是法律语言学研究者取之不尽、用之不竭的宝贵资源，也是中国语言蓬勃发展走向世界的原动力。同时，随着中国的经济改革的不断深化，中国社会更加复杂多元。中国法治建设正处于不断发展完善中，立法技术在不断进步，司法制度改革在不断推进。对法律语言学学者而言，这些既是挑战、是使命，也是一个非常广阔的学术天地。因此，从某种角度来说，这也是中国法律语言学的生机与努力方向。总之，法律与语言相互作用、相互影响、相互促进，是一个密不可分的整体。早在 18 世纪，英国的哲学家大卫·休谟（David Hume）就说过："法与法律制度是一种纯粹的'语言形式'。法的世界肇始于语言：法律是通过语言订立与公布的，法律行为和法律规定也都涉及言辞思考和公开的表述与辩论。法律语言与概念的运用，法律文本与事相关系的描述与诊释，立法者与司法者基于法律文本的相互沟通，法律语境的判断等等，都离不开语言的分析。"① 德国慕尼黑大学教授阿图尔考夫曼（Arthur Kaufmann）以及新分析法学学派的继承人尼尔麦考密克（Neil Mac Cormick）也都指出："法学其实不过是一门法律语言学。" 不论社会如何发展，法律领域都是语言运用的重要领域，法律的形成、解释、理解和运用，都离不开语言。换言之，语言就是法律各个层面的媒介（medium）、过程（process）乃至产物（prod-uct）。② 一方面，法律语言在表达法律的同时，促进着法律的发展，实现着法律；另一方面，法律语言的形式和内容与法律制度、法律文化的产生和发展紧密关联。可以说，法律制度、法律文化的发展又在一定程度上促进了法律语言的丰富与发展。因此，我们在研究法律语言时，应超越语言与法律的界限，将二者放到一起进行研究；从语言学的角度透视法律，用法学思维审视语言，使法律语言研究不断呈现新领域新视角，从而使语言和法律达到高度的融合，让法律语言在实现司法公正、实现法律价值中真正发挥其积极的作用。

---

① 舒国滢. 战后德国法哲学的发展方向 [J]. 比较法研究，1995 (4).
② 谢宏滨. 论法律语言的意义和作用——自社会语言学跨领域的视角观察 [J]. 太平洋学报，2006 (10).

第二章

法律语言的特性

法律语言是全民语言的一种社会变体，是民族共同语在长期的法律科学和立法、司法等法律实践工作中所使用的具有特殊专业性和独特语言风格的一种社会方言，是一种有别于日常语言的技术语言。因其特有的交际领域、交际目的、交际对象和法律本身的强制性、权威性、严肃性的要求，法律语言在表达上体现了与其他语言不一样的特性，并在长期的使用过程中逐步形成了自己的特点。

一、法律语言与日常语言（一般语言）的差异性

（一）法律语言词汇的单义性与日常语言的多义性

在现代汉语的词汇中，无论是单音词还是双音词和多音词汇，都具有多义性，并且根据不同的语言环境还有不同的词义，并且相同的一个词可能是多音字，还会因为"音"的不同而表达不同的意义。而法律语言表述的是法律，法律是由国家制定或认可的，反映国家意志，明确规定了权利义务及法律后果的行为准则。因此法律语言的言辞与日常用语或文学语言有所不同，它必须反映法律的权威性与科学性。为了避免语言在应用时发生歧义，必须对所使用的语言的语义加以严格的限制，保证语义的单一性。例如，法律专业术语是法律语言中最能代表法律语

言特质的一类语言，是专门用来表示法律领域特有的事物，其区别其他日常用语的最大特征是专业性和严谨性，每一个法律术语只能表达一个特定的法律概念，词义单一而固定，不像日常用语的语义可以是多义的。譬如，刑法中的"累犯"，就是指被判处有期徒刑以上刑罚的犯罪分子，刑罚执行完毕或者赦免以后，在五年以内再犯应判处有期徒刑以上刑罚之罪的，应当从重处罚，但是过失犯罪和不满 18 周岁的人犯罪的除外。该词明确界定了什么样的犯罪分子为累犯，内涵和外延特定，意义单一明确。需要注意的是，有些法律的专业术语，即便在民族共同语中属多义词，但一旦作为法律的专业术语使用时，只能保留一个义项。譬如"同居"一词，据《现代汉语词典》注释，可以指同一处居住；亦可以指夫妻共同生活，也可以指男女双方没有结婚而共同生活。而作为法律术语的"同居"一词，只能是特指最后一个义项。此外，法律语言词义的单义性还表现为语义的特指性，即法律语词的应用范围是特定的。例如，"权利"这个术语，作为法律概念时，特指公民和法人依法行使的权力和享有的权益（跟"义务"相对）。

（二）法律语言的庄重性与日常语言的修辞性

日常语言主要使用于日常生活交际中，有时为了沟通感情，达到社交效果，经常会使用一些富有情感的语言或者使用一些修辞手法增加表达的效果，与法律语言相比，更感性随意。而法律的权威性和严肃性强调的是表达的简练与精确，要求尽可能少用或不用富于感情色彩的词汇，尤其拒绝夸张、比喻、借代和拟人等修辞手法。因为法律语言不像文学语言，它不是用来欣赏而是用来解决实际问题的。例如《中华人民共和国宪法》第三十九条规定："中华人民共和国公民的住宅不受侵犯。禁止非法搜查或者非法侵入公民的住宅。"句法严谨，表意准确，没有使用任何修饰语。如果法律语言在表述时使用富有感情色彩或修辞手法的语言，则不仅不利于体现法律的严肃性，而且还容易造成意义不确切而事不明。例如，"王翔在雨后比泥鳅还要溜滑的上海路上将摩托车开得风驰电掣。"句子中的比喻、夸张等修辞手法应属贴切，描写亦形象生动，只是如此有文采的陈述若作为法律语言使用时，不能准确反映司机王翔超速违反交通法规的情况。车速，是判断王翔违规的重要事实，是适用法律的重要依据。那么，王翔当时的车速是多少呢？"风驰"每秒几米到每秒几十米都有；另外，他用的是大风速度还是台风速度？不能确定。"电掣"，这倒是可以确定的速度，每秒30万公里，只是世界上还没有哪辆车能开到这个速度，显然这不是王翔当时所使用的车速。因此，这样的描写并不能准确地如实反映王翔是否违规行车的事实。所以法律语言的表达必须庄重而平易朴实。

（三）法律语言句法的严谨性与日常语言句法的宽泛性

日常用语作为人们的交际工具，往往都是在一定的情景中进行的。在日常的社会交际中，交际双方经常会因为彼此所共知的一些事实或特定的情景而省略一些成分，以达到语言简明的目的。句法表述通常较宽泛，甚至在特定的语境下，所使用的一些句子是残缺的、省略的形式；也并不影响信息的交流。如"鸡不吃了"是日常交际中经常使用的句子，但是个歧义句，在不同的情境有不同的意义。即"鸡"可以做"吃"的施事者，又可做"吃"的受事者。如果在酒宴的语境中说"鸡不吃了"，语义是"鸡不吃了，酒也不喝了"。如果这个句子出现在养鸡场，语义则可能是"鸡已经喂饱了，不再吃食了"。相对于日常用语，法律语言要求每一个词汇和句子都是准确严谨的，往往不需要借助语境就可以将其意义完整地表达出来。例如，《中华人民共和国民法典》第一千二百零二条"因产品存在缺陷造成他人损害的，生产者应当承担侵权责任"。该条款不需借助任何语境就将侵权责任进行了准确的界定。同时，在句式的选用上，法律语言为了内容周详无缺，表述准确严谨，多使用长句和主谓句。因为长句结构复杂、词语较多、表义繁复周密；主谓句则是由主谓词组构成的单句，由于具备主语和谓语两个部分，因而表义完备周密，在法律语体中被普遍使用。由此可见，法律工作的性质和法律语言自身的特性决定了法律语言句法结构的严谨性，使其语言结构本身无须借助语境便可无歧义地准确表达；而日常语言句法的宽松性则让许多话语具有多义性，其语言的真正含义须借助语境来表达，否则单从语言结构本身是无法正确理解的。

二、法律语言是精确性和模糊性的辩证统一体

法律是体现国家意志的行为规范，无论是立法还是司法都必须是确定的。法律语言在表述法律时必须使用准确的语言，准确是法律语言的第一要义。譬如，《中华人民共和国宪法》规定："中华人民共和国的一切权力属于人民""凡具有中华人民共和国国籍的人都是中华人民共和国公民"。语言精确严谨，绝无歧解。因此，法律语言的准确性历来都是世界各国在立法和司法过程中共同追求的目标。然而，在长期的立法与司法实践中，人们发现，法律语言的确定性常常是相对的，法律语言存在模糊性。其一，世界是无限的，人类的语言是有限的。语言永远无法涵盖所有的社会现象。同时，人类语言又是博大精深的，有些词语是精确的，有些词语是模糊的，模糊性和精确性是语言兼具的两种特征。所谓模糊语言，是指外延无定指、内涵不确定的语言。与精确语言相比，模糊语言在表意上表现出更大的概括性和更多的灵活性。比如"傍晚"，通常指临近晚上的时候，但这个时间段究竟是有多长？无法界定也无须界定，因此用模糊词语来表述是最恰切的了。其二，客观事物的复杂多样性和人类对客观世界认识的局限性使人类语言在表述上具

有一定的模糊性。在立法过程中，为了准确体现法律所代表的国家意志，立法者的目标就是将纷繁复杂的社会现象提炼为相应的法律规范，试图借助语言将国家意志与社会行为对应起来。然而，语言的有限性和社会的多变性，加上法律的科学性与自身的局限性，使法律语言永远无法一一准确地涵盖所调整的各种社会关系，立法所制定的法律规范亦不可能面面俱到。因此，立法者必然要运用模糊性的表达方法，以期包容无法准确界定的社会现象，使法律规范具有广泛的普适性。如此，立法语言的模糊性不可避免。有学者专门考察了现行的《中华人民共和国刑法》（2015 年 9 月最新版）使用模糊语言的情况，仅刑法分则 452 个条款中，就有 323 条在不同程度上含有模糊用语。这些模糊用语多见于"假定"部分关于行为后果或情节的表达，如重大损失、重大影响、危害严重、数额巨大、情节恶劣、情节轻微等。同时，法律用语的不确定性与模糊性可以使行政机关和司法机关在法律规定的框架内拥有一定的自由裁量权。依据特定情形进行裁定处理，在一定意义上能有利于法律的发展与完善。如《中华人民共和国行政处罚法》第八十三条规定："行政机关对应当予以制止和处罚的违法行为不予制止、处罚，致使公民、法人或者其他组织的合法权益、公共利益和社会秩序遭受损害的，对直接负责的主管人员和其他直接责任人员依法给予行政处分；情节严重构成犯罪的，依法追究刑事责任。"这里的"情节严重"便是模糊语言。何为"严重"？怎样的情节可定性为严重？法条没有给出确切的界定，给执法者一定的自由裁量权，让执法者视具体的事实进行裁定。其三，表达不便或不宜直言的情景、事实和涉及商业秘密、国家秘密、当事人的隐私等时使用模糊语言更能体现法律自身特点和人文精神。如"强奸""猥亵"等词语的使用体现了对受害者的保护，显示了法治的人文关怀。其四，表达难以具体确定的时间、空间，或无法、不必确定的程度、范围，或难于、无须准确描述的频率和数量时宜用模糊语言。

如嫌疑人或受害人的特征、案发的时间、地点，只能根据科学的推理进行一个概括性的界定，无法进行精确的描述。如"2021 年 7 月 6 日中午 12 时左右在××路发生一起飞车抢劫案"。在这样的情形下，用模糊语言来描述比用精确语言更能如实表述当时的情形。由此足见，模糊性是法律语言不可或缺的属性。作为一种客观存在的语言现象，模糊语言在法律领域中的出现，有着特定的作用与存在的意义。

　　总之，法律是公正而庄严的，是国家意志的体现。法律权威性与科学性决定了作为法律载体的法律语言必须是确定的，准确性是法律语言的本质要求。但是，准确性只是相对的而非绝对的。正如王希杰先生所说的："第一，绝对的准确是没有的；第二，语言表达准确性本身是相对的。"① "从信息接受、思维分析和语言表达形式这一系列基本环节来看，人们认识活动的有效性，多样性，深刻性，并非单纯来自明晰、精确的认识形式和语言表达形式，与之相反，各种模糊思维形式和语言表达形式，在人们交往活动和知识交流中，更具有广泛、完美和高效的特征。"② 因此可知，语言中的模糊与精确是辩证统一的，精确中存在模糊，而模糊中又反映出了一定程度上的精确。精确性和模糊性是人类自然语言的两个重要特征。在法律语言中，精确词语的使用无疑保证了法律语言的准确性，但在特定的情况下，使用模糊词语不仅可以起到精确词语不可替代的作用，还会使法律语言更加准确，严谨。③ 但在运用模糊语言时不能偏离特定的语境，要恰当有度；若用之失当，则会造成语义不清，影响法律条文的确定性留下纠纷的隐患，甚至使法律偏离法治的轨道。同时，还有注意辨清模糊词语与词语歧义性的区别，在使用时

---

① 田力男．模糊性法律语言的多样性及其法治意义［J］．人民法治，2016（5）.
② 李晓明．模糊性：人类认识之谜［M］，北京：人民出版社，1985.
③ 贾蕴菁．法律语言精确性与模糊性相应相异析［J］，北京市政法管理干部学院学报，2002（3）.

防止将两者混淆。总而言之，模糊词语与精确词语两者既对立统一，又相互补充、相互完善。该确切时就必须清晰明确，不得含糊其词；该模糊时也要恰如其分，合理合度。"模糊"与"确切"各司其位，更好地服务于法律的确定性，确保法律语言的准确、严谨。

第三章

法律语言准确性与模糊性的矛盾思辨

第一节　法律语言实现法律确定性之途径

准确性是法律语言的铁定原则。但是，由于语言自身的原因，法律规范的特性、立法语言的特殊性以及立法者主观认识的局限性等种种因素的影响，法律语言存在模糊性。模糊性贯穿于立法和司法的整个过程，但司法结果必须是不容含糊的确定性结论。因此，如何消除模糊性，实现法律的确定性，是法律人一直关注和着力研究的一个问题。笔者拟从规范法律语言克服立法语言表达的困境、法律解释是消除模糊性的重要手段、法庭活动是最终消除模糊性的最后环节等方面，探析法律确定性的实现途径。

一、规范法律语言——克服立法语言的表达困境

（一）提高立法者的语言素养，减少法律语言失范

随着我国依法治国进程的不断深化，法律在社会生活中的作用越来

越重要，法律的正确实施依赖于法律语言的准确表达。法律条文是全体公民的最高行为准则，具有极强的严肃性和权威性。因此，法律语言理应成为现代汉语的典范。从这个意义上说，规范法律语言，减少乃至杜绝法律语言的失范，增强法律的权威性，就显得非常重要。

法律语言的规范化是我国立法和司法实践中亟须解决的问题。规范法律语言主要应从立法活动、司法和行政执法入手。改革开放以来，我国的立法工作取得了举世瞩目的成就，但由于立法技术相对滞后，专司法律起草机构的不完善，语言审查程序的缺位，使得我国的法律与其他法制较为健全的国家相比，语言失范已成为一个不可忽视的问题。譬如《中华人民共和国宪法》（1982）共138条，有人给它找出了140处语法、修辞和逻辑毛病。《中华人民共和国刑法》中的语言失范亦很严重，甚至每一部法律刚一颁布，就有人给它"指误"纠错。① 立法语言的失范不仅影响了立法者意图的实现，而且还严重影响了法律的权威和法律的实施。马克思说："……立法者不是在制造法律，不是在发明法律，而仅仅是在表述法律。如果一个立法者用自己的臆想来代替事情的本质，那么我们应该责备他极端任性。"② 因此，立法者应提高立法技术，强化立法语言规范意识。立法语言是对法律的表述，法律的权威性与科学性要求立法语言具有较高的精确度和严密性，不仅要符合语言规范的要求，还要符合法律语体的特点。第一，符合语言规范化的要求。如正确使用规范的标点符号、序号；年份日期书写规范；用语清晰准确；用字规范标准。第二，符合法律语体规范。法律语言是法律的载体，法律固有的特性和要求形成了法律语言独特的语体风格，譬如法律语体中的词语色彩和表情色彩都与日常用语有所不同。准确严谨、庄重

---

① 刘永红. 我国当前立法语言失范原因剖析 [J]. 山西高等学校社会科学学报，2006 (8).
② 马克思，恩格斯. 马克思恩格斯全集：第1卷 [M]. 北京：人民出版社，1995：183.

规范是法律语言特有的语体风格，这些语体特点对法律语言的运用起到了规范与制约的作用。

（二）在立法和司法实践中正确运用模糊语言

由于种种因素的影响，模糊语言的使用是立法过程中不可回避的事实，法律语言的模糊性是客观存在的。模糊性在这里是指运用语言时对无法准确定义、指称或描述的事物，采用可能有多种解释的表达手段进行表达所产生的效果。[①] 而且，模糊性不是"含混不清"而是"不确定性"。在立法过程中模糊语言的应用价值在于具有比精确语言更强的表达功能，既能表达模糊信息，又能表达精确信息；在特定的情况下，使用模糊语言可以起到精确词语不可替代的作用，使法律语言更加准确。[②] 徐国栋认为，随着社会物质生产和人类思维能力的发展，立法者制定法律所追求的目标已不满足于经验的法治化，而力图将立法权扩及经验之外的事物，试图尽量扩大法律的涵盖范围，增加其广泛的适用性。[③] 但在一定程度上，模糊语言又可以说是语言的"短处"。模糊语言使法律条文具有不确定性，会使不同的法官、不同的律师产生不同的认识和理解，甚至对同一案件的裁判都会出现不一样的结果，导致裁判的非唯一性。模糊语言有时还会增加法官处理案件的难度。总而言之，模糊语言的存在既有利又有弊，故要合理运用模糊语言，要有度、有限制，用之失当则会影响法律语言准确的铁定原则。同时在使用时还要严格区分模糊词语与词语的歧义性，尽量克服语言的模糊性带来的负面影响。这对法律语言的准确、严谨、对法律的确定性的实现都具有积极的意义。

---

① 杜金榜. 从法律语言的模糊性到司法结果的确定性 [J]. 现代外语，2001 (3).

② 焦悦勤. 略论立法语言的模糊与消除——以刑法为视角 [J]. 理论导刊，2005 (7).

③ 徐国栋. 民法基本原则解释——成文法局限性之克服 [M]. 北京：中国政法大学出版社，1992.

二、法律解释——让法律条文的模糊性呈现确定性

无论立法者多么睿智,规则条文也不能包含一切行为准则,不能应对一切具体案件,法律规范永远都是普遍性的。"在现代工业社会,众多生活领域中的迅速发展不断产生新的问题和利益冲突。因此,法律总是有漏洞的。"① 成文法中不可避免地出现"立法空隙",加上语言本身的不确定性和"开放性",它会因语境的不同而出现歧义和模糊,从而使成文法具有不确定性。正如伯恩·魏德士所说的:"任何法律规范只能针对事实类型进行一般而抽象的表达,这表明法律规范必然具有一般性并且必然需要解释。"② 在某种意义上可以说:法律本身的天然局限性就是法律解释学产生的根源。"法律解释的任务就是实现法律确定的(法律政策的)目标。"③ 由此可见,法律解释是通过明确法律条文中用模糊语言表述的内容,从而使法律从模糊性走向确定性的一条重要途径。

(一) 规定法律概念的定义,明确对法律概念的准确理解

立法者通过规定定义规范,能够在一定程度上明确该用语的含义,防止该用语在语义上出现不同的理解,而这种概念约定的权威性必须被法律适用者接受。一般而言,所有能被解释和需要解释的法律概念都已不是普通日常用语上的概念,因此不能按照日常的理解来解释这些概念,而必须赋予这些概念以特定的法律词语的含义。比如在法律条文中,财产、婚姻、人、动物、森林等尽管也是日常用语,但当其一旦进入法律语言并依据法律规范的保护目的与规范之间的联系进行解释后,

① [德] 伯恩·魏德士. 法理学 [M]. 丁晓春, 吴越, 译. 北京:法律出版社, 2003.
② [德] 伯恩·魏德士. 法理学 [M]. 丁晓春, 吴越, 译. 北京:法律出版社, 2003.
③ [德] 伯恩·魏德士. 法理学 [M]. 丁晓春, 吴越, 译. 北京:法律出版社, 2003.

这些概念便成为具有新内涵和新外延的特定的法律概念。

（二）对不确定法律概念与一般条款进行价值补充

由于成文法载体的语言本身的不确定性和模糊性，法律的高度概括性和事实的无限性与法律规范数量的有限性要求之间的辩证关系或者说矛盾对立关系，在立法过程中必然要使用一些不确定的法律概念和一般条款。

不确定法律概念是法律概念在内涵与外延上不够确定的法律术语。不确定法律概念虽然由立法者制定，但必须由法官和其他执法者进行裁量后才能适用。从这个意义上说，不确定法律概念"系留给司法者造法空间"，或可以说"预先设计的法律对特殊性个别案件的让步"①。即由法官和其他执法者在适用之前对其进行价值判断，予以价值补充使其内涵和外延具体化，从而使法律与时俱进，实践其规范功能。于是，"价值补充"促成了不确定法律概念和一般条款的意义和目的的实现。如"善良风俗""显失公平""诚实信用"，这些法律概念本身也是伦理概念，需要参酌社会伦理秩序和公平正义原则来确定。同时，社会伦理观念也是发展变化的，因而适用时必须与时俱进。法律解释的一个非常重要的特征就是所解释的法律概念和一般条款需与拟解决案件有密切的关联性。因此，法律解释是一项技术性和专业性都很强的活动，它要求法官不仅受过良好的职业教育，而且还要求这些法官在司法过程中尽可能地发掘并领会立法者的意图和法律文本中所蕴含的法律精神。同时还要结合具体的案件事实，考虑其他各种可能影响案件判决的因素，逐渐形成过硬的司法技艺，从而在合法性与合理性之间形成某种平衡，并赋予法律规范以新的更丰富的含义，使之符合新时代新形势的需求。这便是法律解释追求的目标。

---

① ［德］伯恩·魏德士. 法理学［M］. 丁晓春，吴越，译. 北京：法律出版社，2003.

三、司法过程——法律从模糊走向最终的确定

法律解释是消除模糊性的重要手段，但并不能完全消除模糊性，司法者适用法律仍然有一定的裁量权。因此司法过程尤其是法庭活动过程是消除模糊性走向法律确定性的最后一个重要环节。

（一）司法语言的确定性是消除模糊性的重要手段

法律的确定性毫无疑问是司法过程的一个重要的原则，也是司法追求的目标。司法过程其实就是把法律适用于具体案件，对与案件相关的法律和事实的意义进行裁定的过程。如在刑事诉讼中，法庭首先必须就犯罪嫌疑人的行为或事实做有罪或无罪的认定。若确定为有罪时，又要依据法律条款的规定确定所适用的条款，最后排除条款中的模糊性确定审判结果。而司法过程中能否达到确定性的结果，司法语言起着非常重要的作用。

司法语言是司法机关进行诉讼活动的真实记录，是国家司法机关代表国家依法行使立案、侦查、起诉、审判等职能时所使用的一种特殊语言，具有很强的约束力和权威性。司法语言的准确与否直接关系到司法公正的实现。古往今来，因一字之差、一语之误而使判决毫厘千里、阴差阳错的案例屡见不鲜。因此，对法律行为主观方面、客观方面的表述必须使用确切词语。因为这些内容对认定行为人的性质、对确定有罪或无罪，轻罪或重罪，还有最后的定罪量刑都有着重要的影响。此外，对法律、法规的生效时间，人民法院的判决书和裁定书的判决意见，司法鉴定的结论和现场勘查的笔录等，都必须使用确切词语。

总之，立法语言的概括性、普遍性和不确定性，是为了给予执法者一定的空间和自由裁量权；而司法语言则必须是具体的、确定的，必须消除弹性，排除模糊性，实现司法结果的确定性。

（二）法庭活动是消除模糊性的最终环节

在法庭上，诉讼双方当事人及其委托律师根据各自的诉求，依据对法律和事实的理解解释法律，针锋相对。最后法官作为裁决者站在中立的地位，依据他们对法律的忠诚和严谨的法律思维，遵循法律条文的规定，做出客观公正的解释和判决。得到当事人双方的认同和接受，从而完成了法律交流的过程。

1. 法官是实现法律确定性的权威的适法者

司法过程就是法律工作者睿智地解释法律和适用法律的过程，是以法官为主体所进行的司法活动。在法庭活动中，由于司法权的中立性和程序性，决定了法官具有最高的权力和权威，这实际上也是现代法治的一种要求。法官在职业法律群体中行使的是一种判断权，判断权的行使不仅要求法官具备正确的法律思维方式，还要求法官做到尽可能的公正、客观、合理。在法庭活动中，法官是主动控制局面、积极采取措施消除模糊性的主导者。譬如，在法庭辩论中，诉讼双方及律师处于对立的状态，为取得有利局势，就会努力地扩大模糊性。如被告方律师为了证明被告无罪或轻罪，主要是通过寻找对方语言的模糊性，并以此作为突破点，朝有利于被告的方面进行辩护。而对方律师则通过抗辩，尽力减低对方所造成的模糊性。这时，处于中立地位的法官就会适时控制局面，抑制模糊性，使法庭活动向消除模糊性的方向发展。

法庭辩论的最终目标是让诉讼当事人消除模糊性和分歧达成共识，但共识常因人们对那些存在语言模糊性地方的不同理解而难以达成一致。法庭活动的顺利推进，主要取决于法官在裁决时对所适用的法律的解释是否有说服力，是否能为当事人所接受。从这个意义上说，法官的语言对诉讼双方能否达成共识具有重要的影响力。

2. 法官的语言具有最大的权威性与影响力

语言是司法过程的主要交际手段，无论是司法解释还是法庭判决，均通过语言实现。在庭审活动中，法官除了依据法律精神和立法原则对法律行为进行准确的解释和裁决之外，还有一个重要工作就是对诉讼双方当事人的关系进行疏通和修复，使他们能理解并接受最后的司法结果。

法官作为法庭活动的组织者和裁决者，其语言具有极大的权威性，对整个法庭活动有直接的影响。由于法律体制的差异，不同国家或地区的法官语言在法庭活动中的作用也不相同。普通法系国家（如英、美国家）的法庭上，法官要向在庭人员发出指令以维持法庭秩序，向陪审团发出指令，以便陪审团做出公正判决，向有关人员解释法律，保证司法活动的顺利进行。大陆法系国家在审理案件时，以法官为中心，法官在法庭活动中具有很大的权力。纠问式诉讼体制的法庭尤甚，法官在判案时首先考虑制定法的规定，然后按照有关规定和案情做出判决。由此可见，无论是普通法系还是大陆法系，法官素质的高低、语言的优劣直接影响案件审理的过程，甚至影响审理的结果。毋庸置疑，法官在庭审中的语言会直接影响当事人对法律的感受和认知。有时，即使是相同的内容但表达的方式不一样也会让当事人对法律产生截然不同的认识。因此，代表着司法公正的法官的语言，体现着法官的审判理念，直接关系着审判工作的质量，应该具有指向性、明晰性和确定性，以确保其审判的中立性、公平性。

3. 从法庭辩论到书面的裁决，是消除模糊性的最终环节

法庭辩论一向被视为保护人权和公平的一道重要环节。由于法律条文有较大的不确定性，法庭辩论中相关人员都会充分利用法律条文的"立法空隙"进行论辩。但由于抗辩双方法律知识的丰寡不一，对法律基本价值的认识存在差异，加上各自的职业、身份的不同，因而观察、

理解问题的角度也不同，这就使抗辩的过程存在较大的不确定性。法官除了在论辩过程中对偏离模糊性消除目标的行为采取积极的引导或制止措施外，还将双方的论辩结果进行裁定并做出书面裁决。至此，立法语言的模糊性，经法律解释再到法庭辩论、法官裁决一系列的司法活动，逐步从法律语言的模糊性走向确定性；当最后在法庭上宣布司法判决书时，法律模糊性的消除过程到此结束。

四、结语

模糊性的消除过程是法律的实施过程，也是展示法律公正性的过程，同时也是建立法律语言的话语权威，实现平等公正等法律的基本价值的过程。只有当模糊性适时消除，才能保证分歧的顺利消除，才能揭示模糊性所掩盖的法律规范的意旨和真正的法律精神。[①] 需要思考的是：法律经过解释后是否就可以消除模糊性，实现绝对的精确性？还有司法结果的确定是否就意味着法律的公正性的实现？答案显然是否定的。因为没有绝对的确定性，模糊性与确定性永远都是相对的。譬如从形式意义上，法律解释的有效性促成了法律文本的确定性；但从实质意义上说，这种确定性是否真正体现了立法者的意图和法律条文的法律精神，还是一个不确定的问题。所以，消除模糊性、实现确定性一直以来只能是法律人所追求的法律理想。因为模糊性的完全消除和绝对的确定是不可能的。即从一定程度上说，法律的模糊性是客观存在的，消除模糊性只能是向着确定性的无限接近，所达到的确定也只是相对的确定，绝对的确定始终只是人们孜孜以求的目标。但即便如此，追求法律的确定性永远是法律人的神圣职责和义不容辞的义务。

---

① 杜金榜. 从法律语言的模糊性到司法结果的确定性 [J]. 现代外语, 2001 (3).

第二节 法官的庭审语言对消除模糊性的影响

法律应当是明确的规则，唯有如此才能为人们提供准确的行为模式。法律规则是否明确，标志着立法技术的高低和法律制度的完善与否。但是，由于语言的本性、法律规范的特点、立法原则以及文化传统和文化差异等种种因素的影响，几乎没有一部法律是完全明白准确的，模糊性贯穿于立法和司法的整个过程。法律语言的模糊性是必然存在的，一方面，法律语言的模糊性是法律工作者力求消除却难以消除的现象；另一方面，法律语言的模糊性为法律的完善和发展留下了空间，但最终司法结果必须是确定的。法庭活动是消除模糊性的最终环节。而在这个过程中能否达到确定性的结果，法官的庭审语言有着非常重要的影响与作用。

一、法官的庭审语言在整个法庭活动具有最大的权威性与影响力

司法过程就是准确地解释法律和适用法律的过程，是以法官为主体所进行的司法活动。现代法治要求，法官在职业法律群体中行使的是一种判断权。判断权的行使不仅要求法官具备正确的法律思维方式，还要求法官做到尽可能的公正、客观、合理。因此，在法庭活动中，由于司法权的中立性和程序性，赋予了法官在法庭审判语境中超越检察官和律师的权威地位，主持法庭审判的始终。庭审是借助语言这个媒介来完成的。法官的庭审语言包括司法口头语言和司法文书。法律的实施和运用依赖于司法口头语言和司法的书面语言交替使用来实现。法官的庭审语言直接影响法官的公正形象。通常，普通公众对司法公正的理解和判

断，不外乎从主观和客观两方面进行界定。即不仅要具备主观态度方面的公道正直，还要具备客观结果方面的公平正义。只有主客观相一致了才是真正意义上的公正。因此，法官必须以庄重、正直的形象从当事人及公众的主观感受和社会评价角度完善司法公正的程序公正内涵。英国著名大法官丹宁勋爵说："法官的作用就是在他面前的当事人之间实现公正。"① 法官在法庭上的话语不仅决定于其思维方式，还决定于其职责的需要。就应然的状态而言，"公平与正义的价值因素包含在法官话语之中，平等地对待诉讼双方是法官基本的话语风格"②。因此，法官的语言是公众认识法律是否公正的最直观途径，法官语言不仅关系到审判活动的质量，更关系到司法公正以及国家法律的尊严。

二、法官的庭审语言对消除模糊性具有直接的影响

为了体现法律的权威性，实现立法目的，准确性历来都是各国立法者共同追求的目标。在立法过程中，为了准确体现法律所代表的国家意志，立法者的目标就是将纷繁复杂的社会现象提炼为相应的法律规范，试图借助语言将国家意志与社会行为对应起来。只有在保证法律语言准确性的前提下，法律才能为人们提供准确的行为模式，司法才能顺利实施，司法结果才能与立法者的意愿相符合。如果离开准确性，立法的目标和司法的结果有可能相去甚远，甚至背离。因此准确性是立法者一直以来孜孜以求的一个重要目标。

然而，语言的有限性和社会的复杂性使立法所制定的法律规范不可能面面俱到。同时，在立法过程中，亦难以十分准确地对社会现象进行一一界定。立法者必然要运用模糊性的表达方法，以期包容无法准确界

---

① ［英］丹宁勋爵．法律的正当程序［M］．李克强，杨百揆，刘庸安，译．北京：商务印书馆．1999：63.
② 谢平．浅谈法官在庭审中的语言［EB/OL］．天涯法律网．www.hilaw.cn.2006.

定的社会现象，使法律规范具有广泛的普适性。如此，立法语言的模糊性成为不可避免。①

对于立法的模糊性，通常试图通过立法解释和司法解释，将法律条文中用模糊语言表述的内容的内涵和外延进行解释使之具体化、明确化，从而对法律规范的适用产生较直接的指导作用。但在司法实践中，法律解释虽是消除模糊性的一种重要手段，但不能完全消除模糊性。在运用法律时，司法工作者仍然有很大的空间，让法律消除模糊性走向确定性的最终环节是庭审活动。

（一）法官通过庭审中的语言调控来实现模糊性的消除

法庭活动过程其实就是法律的实施过程，即把法律应用于具体案件，对与案件相关的法律和事实进行诠释和甄别应用的过程。如刑事诉讼案件，法庭必须先就犯罪嫌疑人的行为或事实做有罪或无罪的确定。若确定为有罪，还要根据法律条文对该罪进行定罪量刑，确定适用的法律条款，最后排除条款中的模糊性，确定审判结果。而法庭活动过程中能否达到确定性的结果，法官完善的语言调控是关键的要素。

（二）法官通过不同阶段的审判程序选择不同的庭审提问方式实现对程序的成功顺应

庭审活动须遵循严格的法律程序。法律程序指的是为达到公正、有效的机构目标（institutional goal），法庭审判必须严格遵循的顺序或步骤。我国法庭审判程序包括：（1）开庭；（2）法庭调查；（3）法庭辩论；（4）法庭评议和宣判。②依照不同的法律程序，法官选择不同的语言形式来调控和主导法庭活动。例如，法官主要通过关键性文句、确认性问句和咨询性问句来向诉讼当事人提问，实现庭审的交际目的。

---

① 杜金榜. 从法律语言的模糊性到司法结果的确定性 [J]. 现代外语, 2001 (3).

② 冉永平，张新红. 语用学纵横 [M]. 北京：高等教育出版社，2007.

关键性文句通过使用省略形式集中表达了命题的核心内容。例如，在开庭之初，为了确认原被告的身份和相关的个人信息，法官通常使用以下的文句来询问原告与被告的个人信息："原告姓名？""被告人姓名？""出生年月日？""籍贯？""住址？"这类文句简洁明了，模式固定，契合法庭开庭时简洁、严谨的程序要求，并能提高庭审的效率，营造法庭审判庄严、公正的氛围，确保审判活动的有效进行。

在法庭审判过程中，法官为了确保判决的公正性，通常在向当事人阐述相关法律条文后，接着使用一个确认性问句，用来确保被询问人是否充分理解被询问的内容，以便依照该内容来实施权利，履行义务。例如，"根据最高人民法院《关于审理刑事案件程序的具体规定》第一百零三条之规定，当事人在法庭上享有如下权利：……被告人，刚才本庭告知的权利听清了没有？"法官通过这样固定模式的问句，能够使当事人清楚自己的权利和义务，以保障审判的公正性。

咨询性问句是在法庭审判过程中，法官向被询问人寻求可能回答的一种问句形式。咨询性问句经常出现在带有"是否、有无、有……没有……吗"的句式中。如"公诉人是否有证明被告人无罪或者罪轻的证据向法院提供？""辩护人对被告人有无发问？"……通过咨询性问句，可以让法官站在客观立场上不偏不倚地提问，有助于被询问人不受问句中隐含预设的影响，从而给出客观的回答；法官以此来控制法庭动态，可避免不必要的争议，确保法律的高效与尊严。

由此可见，不同阶段的审判程序促使法官做出不同的语言选择。通过不同的句式的选择，法官可以更好地调控和主导庭审活动，从而更好地维护诉讼当事人的权利，实现法庭审判庄严、公正和高效的机构目标。[1]

---

[1] 谢平. 浅谈法官在庭审中的语言 [EB/OL]. 天涯法律网 . www. hilaw. cn. 2006.

（三）法官通过引导和调控庭审的方向和进程适时控制程序的运转

在法庭进入辩论阶段后，作为主导者的法官，要善于控制局面，采取积极措施消除模糊性。比如，在论辩中，处于对立状态的原被告双方及律师，随着论辩的推进，势必会扩大模糊性。如被告方律师会尽量利用有利条件证明被告无罪或罪轻，辩护目的主要是寻找对方语言中的模糊性，并以此为切入点，向有利于被告的方面解释、询问或扭转；对方律师则通过抗辩，力图减低对方所造成的模糊性。这时，法官就会适时主导局面，引导法庭辩论由模糊性走向确定性。

法官在庭审中的语言调控主要是依赖问话来实现："原告方还有没有新的证据？""被告方有没有新的证据？"以确认是否可以进入下一个程序。"这个问题与本案无关，被告人可以拒绝回答"；"请原告正面回答问题"——通过这些话来引导和调控庭审的方向和进程，防止审理的拖延。程序运转的关键在于"适时"。作为居中裁判的法官，要查清核实与裁判有关的各要素。除了每一个阶段要注意听取控辩双方的意见和主张外，还必须以缜密的逻辑和智慧适时掌握充分的信息，通过质证取舍定案证据，分析确定案涉事实，并及时发现诉讼双方在庭审过程中忽略的问题或未能论证清楚的问题。适时指出并查证清楚，运用缜密的逻辑形式进行推导判断，最终演绎出一个确定的裁决结果。在这个过程中，无论是诉讼当事人双方及其委托律师还是法官，都是借助语言来进行交流。通过不断交流质证，解决争议，从而使语言的模糊性逐渐消融，确定性逐渐实现。

（四）法官的语言对控辩双方能否达成共识具有最大的影响力

法官作为法庭活动的组织者和裁决者，其语言直接影响整个法庭活动。由于法律体制的差异，不同国家或地区的法官语言在法庭活动中的作用也不尽相同。在普通法系国家，法官对法律的发展所起的作用举足轻重。判例法是在法官的长期审判实践中逐渐创造出来的，法官的判决本身具有立法的意义，普通法系素有"法官造法"之称。大陆法系审理案件时，以法官为中心，法官在判案时首先考虑制定法的规定，然后按照有关规定和案情做出判决。由此可见，无论是普通法系还是大陆法系，法官素质的高低、语言的优劣直接影响案件审理的过程，甚至影响审理的结果。法官的语言会直接影响当事人对法律的感受和认知，有时，即使是相同的内容但表达的方式不一样，也会让当事人对法律产生不同的认识。消除模糊性和分歧，使诉讼双方当事人达成共识，是法庭活动的最终目标。但实践中，常因人们对语言模糊性的不同理解而无法达成一致，因此法官选用指向性、明晰性和确定性的语言进行法律解释，对消除模糊性形成共识具有积极的意义。

三、法官确定的司法判决使法律模糊性走向确定性

法律文书尤其是司法判决一个很重要的目标就是追求法律的准确性。司法判决是对诉讼当事人双方权利义务关系结论即裁判结果的证明，是对结论产生的合法性、正确性的证明，也是对审判程序正确性、公正性的证明。

如果说立法语言是用概括的、普遍的、不确定的语言表述了法律规范，那么司法过程就是一个运用逻辑进行推理和判断的法律实施过程，是肯定证据或否定证据的对抗过程。所以制作判决书时，要依照法定的证据规则详尽分析当事人各方的证据及各种证据之间的相互关系，客观阐述证据采信与否的理由；在法律适用分析上，对涉案的法律关系应定性准确，要详细论述对当事人双方诉辩意见和主张支持与否的根据；把论证过程中的论点与查明的事实有机地结合起来，最终消除法律和事实

的不确定性，自然而合理地导出司法结果，使司法判决的结论具有合法性、合理性和唯一性。其中，由模糊性（事实、争论）到模糊性的处理（质证、推理）、获得定性的结果（结论）、形成裁决（结果的确定性），便是消除法律语言的模糊性实现司法结果的确定性的整个运作过程。

而要实现裁决的确定性，作为判决书的内容表达就不能再使用模糊性语句，词汇、句法还有篇章结构的表达都要明确、具体。例如，……被告未经张某的许可，擅自闯入张某的家里进行搜查，违反了宪法"第三十九条 中华人民共和国公民的住宅不受侵犯。禁止非法搜查或者非法侵入公民的住宅"的规定，侵犯了张某的公民权利，被告对其侵权行为给张某造成的损害，应承担相应的法律责任。……该判决书通过"未经许可""擅自闯入""违反了"等这些意义明确的词语，对侵权者的行为性质、侵权类型和处罚依据做出准确的判定；当事人的权利、义务关系明确，司法结果明确。

四、结语

语言的有限性和模糊性使立法语言中不可避免地存在大量的模糊语言，这对于法律而言无疑具有积极意义。但司法的结果必须是确定的，唯有确定的司法结果，才能使司法的正义与公平得到真正的实现。因此，发挥模糊语言在科学立法、防止法律僵化、促进社会发展等方面的积极作用的同时，更要深刻认识法律工作者在司法过程消除模糊性、实现法律的确定性的重要意义。"法官话语演绎的不是自身的喜怒哀乐，而是沐浴人心智的法律精神。"① 因此，如何提升法官的语言素养与语言能力，让其发挥和实现语言的最大效能，特别是如何通过法官在法庭

---

① 谢平. 浅谈法官在庭审中的语言 [EB/OL]. 天涯法律网 . www. hilaw. cn. 2006.

审判语境中的主导地位，发挥法官的庭审语言，对消除模糊性，实现法律确定性的作用与影响，不仅是司法语言建设中的一个重要课题，而且将对我国法治发展具有重要的现实意义。

第四章

法律语言"专业化"与"大众化"
的融合思考

第一节　法律语言"入乡随俗"初探

中国古代经典案例中的判词大都有一个典型特征，那就是合情、合理、合法和简练，即"三合一简"，这可以说是我国优秀法制文化传统之一。在党的二十大对"坚持全面依法治国，推进法治中国建设"做出了重大部署的新形势新任务面前，认真汲取古代优秀官吏断案判词的"三合一简"智慧，努力把法律语言转换成符合法律精神的大众化语言，这对于我们今天所倡导的法律语言"入乡随俗"新实践，依然具有极强的现实意义。

一、司法越贴近民众，人民就越信任司法

近年来，不少地方人民法院大力倡导法律语言"入乡随俗"，"用群众听得懂的语言"办案，把法律语言转换成符合法律精神的大众化语言，让群众听得清、听得懂、听得明白，增强当事人对法官的信任感、亲切感，取得了良好的社会效果。然而，从当前司法实践看，一方

面，不分场合和对象滥用专业术语的现象依然突出；另一方面，片面地认为在办案中说方言或者引用民间谚语解释"法言法语"等就是法律语言"入乡随俗"，以简单化或程式化思维来处理法律语言"入乡随俗"的问题依然不同程度存在。

语言的目的是交流。让人听得懂、听得明白的语言才是好语言。"用下里巴人的语言，讲阳春白雪的学问。"① 这可以说是法律语言"入乡随俗"的一种形象、生动的比喻。那么，法律语言"入乡随俗"是否存在某些规律性，是否能够为我们探究和把握？答案当然是肯定的。事实上，法律语言"入乡随俗"，这在我国是有着悠久历史传统的。

北宋名臣张咏在崇阳做县令，看见一小吏从库房出来，发现他的头发鬓角的头巾上有一枚钱币，张咏就盘问他，小吏回答说："这是库房里面的钱。"于是张咏命令下属对他施行杖责。小吏认为处罚太重，高喊冤枉，张咏挥笔写下判词："一日一钱，千日一千；绳锯木断，水滴石穿。"并立马将小吏斩于下，然后到申台府揭发罪状。

张咏，谥号忠定，亦称张忠定，是北宋太宗、真宗两朝的名臣。北宋仁宗时期，士大夫们甚至将他与赵普、寇准并列。今人对于"一钱诛吏"这件事情比较普遍的看法是在肯定张咏通过日常生活中的常见现象，以通俗易懂的语言深刻说明"不以恶小而为之"的哲学道理，并从细处把关，严惩污吏，杜绝损公肥私的腐败行为的同时，认为张咏以小吏偷一钱便"自仗剑斩其首"是失当的，没有经过法律程序便定罪，并且有"执法过严"的嫌疑。

不过，张咏"一钱诛吏"在当时被当权者和老百姓接受，不仅仅因其判词能为"群众听得清、听得懂、听得明白"赢得说服力，而是

---

① 吴伟平. 语言与法律——司法领域的语言学研究 [M]. 上海：上海外语教育出版社，2012.

因为与当时的"法律精神"相一致。

《宋史本纪》载，太祖"绳赃吏重法，以塞浊乱之源"。清朝历史学家赵翼在《二十二史札记》中有"宋初严惩赃吏"一节，专论太祖惩贪。据统计，宋太祖在位17年，就处死贪官28个，还将一些问题不严重的贪官贬官降职。所处死刑者，有县令、通判、郎中、将军、监察御史、太子中舍、太子洗马（均为皇太子府高级管理官员）、内班（皇宫管理官员）等。宋太祖两次颁布赦令，但"官吏受赃者不赦"。不仅如此，还将赃官定为与"十恶杀人者同罪"。宋代法典《宋刑统》虽然沿袭唐代法典《唐律疏议》，但对贪腐官员的惩戒尺度更严厉。《唐律疏议》规定，无俸禄的官员枉法受20匹布即判绞刑。《宋刑统》规定，无俸禄的官员枉法受15匹布即判绞刑。①

宋太祖在惩贪的同时，还带头倡廉。宋太祖同其他封建时代的皇帝一样，拥有至高无上的权威，享有诸多特权。但他没有借特权穷奢极欲，而是比较注意约束自己。建隆二年（961）二月，他下令文武百官及百姓在皇帝诞生日及各种节日，不准上贡送贺礼。开宝五年（972）七月，宋太祖之女永庆公主下嫁后回家省亲，穿戴十分奢华。宋太祖很不高兴，说："以后穿戴不可如此华丽。"公主不以为意，笑了笑说："用不了许多钱。"宋太祖严肃地说："不然，你身为公主，穿着奢华，别人必会仿之，如此，京城里就会奢华成风。你生于帝王之家，岂可开坏风气之头？"永庆公主听了十分惭愧。又有一次，永庆公主与其母（皇后）对宋太祖说："皇上的车轿应以黄金饰之。"宋太祖笑答："朕富有天下，不说用黄金装饰车轿，就是用黄金装饰房屋亦可。不过，朕是为天下百姓守财，不可如此为之！古人云：以一人治天下，不以天下奉一人。如果让天下百姓皆奉朕一人，百姓又如何活命呢？"②

---

① 宋太祖倡廉惩贪—中安在线—廉政［EB/OL］. http：//lz. anhuinews.
② 宋太祖倡廉惩贪—中安在线—廉政［EB/OL］. http：//lz. anhuinews.

由此可知，张咏"一钱诛吏"的判法，显然与宋太祖"为天下百姓守财"的执政理念和"绳赃吏重法，以塞浊乱之源"的政策相符，因此，"自仗剑斩其首"的张咏到"申台府自劾"，朝廷并没有以"违反法律程序""执法过严"治张咏的罪，反倒是"绳锯木断""水滴石穿"的判词成为沿用至今的成语。可以这样说，"一钱诛吏"堪称北宋时期法律语言"入乡随俗"的经典。

翻阅我国封建社会各个朝代的判词，类似"一钱诛吏"这样精妙的法律语言"入乡随俗"的例子，可以说是信手拈来。

南宋清官马光祖担任京口县令时，当地一权贵强占民房养鸡喂鸭，反状告百姓不交房租，示意地方官代他勒索。官司到了衙门，马光祖实地勘验后，判决道："晴则鸡卵鸭卵，雨则盆满钵满；福王若要屋钱，直待光祖任满。"权贵无言以对。明代南昌宁王府饲养了一只丹顶鹤，为当朝皇帝所赐。一天，宁王府的仆役带着这只丹顶鹤在街上游逛时，不料鹤被一平民家的黄狗咬伤。仆役告到府衙，状词上写着 8 个字："鹤系金牌，系出御赐。"知府判曰："鹤系金牌，犬不识字；禽兽相伤，不关人事。"判词应对绝妙，合情合理，仆役哑口无言，只得作罢。①

明末，莆田某地两户农家的牛相斗，一死一伤。两家主人为此争闹不休，不得已只能请官府定夺。当地的县令也难断此案。一日，两家主人听说太守祝枝山察访民情路经此地，便拦路告状。祝枝山问明情况，当即判道："两牛相斗，一死一伤。死者共享，生者共耕。"② 双方一听，觉得合情合理，于是争端平息，两户人家和好如初。

"一半葫芦一半瓢，合来一处好成桃。从今入定风归寂，此后敲门月影遥。鸟性悦时空即色，莲花落处静偏娇。是谁勾却风流案，记取当

---

① 刘继兴. 古代官员断案有奇招 [J]. 喜剧世界（下半月），2011（11）.
② 刘继兴. 古代官员断案有奇招 [J]. 喜剧世界（下半月），2011（11）.

堂郑板桥。"① 此诗叙述的是清代郑板桥任山东潍县县令期间，崇仙寺僧与大悲庵尼在剃度前情愫暗通，后两人分别出家，但红尘未断，二人私通，被好事者发现扭送公堂，以有伤风化罪诉求板桥严办。板桥了解原委后，判两人还俗完婚，并以上述律词相赠，一时传为佳话。

无论是北宋张咏的"一钱诛吏"，还是清朝郑板桥的"律词姻缘"，这些民间广为传颂的判词，没有案情陈述，用语简练，也不引用刑、法、律、令之类的法典条文；语言风格各异，或语锋机巧，或精彩幽默，或富含哲理。尽管时间跨度很大，不同朝代刑罚执行的宽严尺度有所区别，但这些判词将情、理、法融为一体，简明易懂，让老百姓愿意接受。那些疾恶如仇、刚正不阿的官吏因此也得到了老百姓的尊敬和爱戴。

尽管封建时期的法典与当今的法律在内涵上不可同日而语，但一些古代良吏的执法理念和智慧，尤其是他们在法律语言"入乡随俗"的实践中，充分展示了高尚的人格魅力和丰厚的文化功底，形成了一种法制文化传统，是跨越不同社会法律制度的普遍价值取向，依然可以成为我们今天倡导法律语言"入乡随俗"所努力追求的境界。

从解读古代的精妙判词入手，提出法律语言"入乡随俗"所努力追求的"三合一简"境界，绝不是厚古薄今，更不是否定今天法治社会条件下所倡导的"用群众听得懂的语言"办案之成功实践，而是希望通过探寻历史的、传统的轨迹，寻找出一些具有普遍价值的东西，从而正确认识和把握法律语言"入乡随俗"的规律性，更好地使法律语言转换成符合法律精神的群众语言。

二、"三合一简"是法律语言"入乡随俗"的最佳境界

通过分析一些古代官吏办案过程中的精妙判词，我们发现，法律语

---

① 刘继兴. 古代官员断案有奇招［J］. 喜剧世界（下半月），2011（11）.

言"入乡随俗"，语言技巧不能解决问题的全部，甚至仅仅是一种表象，更为深层次的问题是要考虑社会制度、政治制度和经济制度的不同，考虑不同社会制度法律体系和价值理念的不同特征。在此基础上实现合情、合理、合法的有机融合。因此，在"在法治轨道上全面建设社会主义现代化国家"的新形势下，法律语言"入乡随俗"要达到合情、合理、合法和简练的"三合一简"境界，当然有必要继承中国法治文化优秀传统，更为重要的是应该以现代法治精神，汲取人民群众的实践的智慧，以体现中国特色社会主义法律体系本质特征的新理念，有效解决新形势下司法实践中法律语言"入乡随俗"出现的简单化、程式化问题。

法律语言"入乡随俗"应当体现时代要求，符合法律精神。中国特色社会主义法律体系是中国特色社会主义制度的重要组成部分，具有十分鲜明的时代特征。经过新中国成立以来多年特别是改革开放40多年的努力，一个立足中国国情和实际、适应改革开放和社会主义现代化建设需要、集中体现中国共产党和中国人民意志，以宪法为统帅，以宪法相关法、民商法等多个法律部门的法律为主干，由法律、行政法规、地方性法规等多个层次法律规范构成的中国特色社会主义法律体系已经形成。国家经济建设、政治建设、文化建设、社会建设以及生态文明建设的各方面实现了有法可依。①

体现时代要求，就是要将依法治国方略落实到法律语言"入乡随俗"的具体实践中，把着力点放在"把法律语言转换成符合法律精神的群众语言"上来，实现好、维护好广大人民的根本利益。具体来说，就是应该定位于在"法律精神"与"群众语言"之间找到一个交汇点，通过法律语言"入乡随俗"更好地促进社会和谐，体现公平正义。这

---

① 张文显. 中国法治40年：历程、轨迹和经验 [J]. 吉林大学社会科学学报，2018 (5).

亦是法律语言"入乡随俗"的生命力所在。我们说"一钱诛吏"可以称为北宋时期法律语言"入乡随俗"的经典,这是基于封建社会人治色彩比较浓厚的现实而言的。我们不应该以今天的法律规定要求古人,当然也不能生搬硬套古人的做法。如果我们今天的法官在对待类似案例时,还继续套用"一日一钱,千日一千;绳锯木断,水滴石穿"来沟通交流,即便问题解决了,群众也听懂了,也严重违背了法治精神。因此,在新形势下,法律语言"入乡随俗"的一个重要方面,就是要按照依法治国方略的总体要求,来改进我们的法律工作尤其是办案工作,使法律语言"入乡随俗"不断体现中国特色社会主义的本质要求、改革开放和社会主义现代化建设的时代要求、国情要求、继承优秀传统文化和人类文明成果要求以及动态、开放、与时俱进的发展要求,更好地保护经济发展、社会文明进步成果和公民权利。

法律语言"入乡随俗"应当多讲"口语",通俗易懂。法律本身就是一种"大道理"。当然,再"大"的道理也应该让人能够听得懂。然而,不管我们如何在改进法律语言本身上下功夫,法律这个"大道理"都不可能失去语言规范、严谨的基本特征,尤其是条文法律语言不可避免地偏重于使用专业性较强的法律专用语。因此,"把法律语言转换成符合法律精神的群众语言"就是一个需要长期面对的现实问题。

群众语言,也可以说是口头语言,或者大白话。"把法律语言转换成符合法律精神的群众语言",关键是在转化过程中如何将法律条文这个"大道理"讲得合情合理,让听得人顺耳顺心。这个"合情合理",不仅表现在语言的表达上,更重要的是表现在讲述的内容上、讲述的方式上,特别是用通俗易懂的语言让普通人也能充分领会法律精神。

那么,法律语言"入乡随俗"怎样做到合情合理呢?

一是善于将"大道理"转化为"小道理"。法律规范的是整个社会,适用于大量同类的事或人,当然属于大道理。但是,即使是使用同一法律条款的案件，要实现最好的法律效果和社会效果，审判、执行或调解过程中的释法也应该根据当事人的具体情况而各有侧重，区别对待，做到言之有理、言之有物、言之有味。我们常说大道理要管小道理，普通人也应该明白大道理。但是，一般地说，大道理总是更抽象一些，小道理则更形象一些；大道理总是更空泛一些，小道理则更实在一些；大道理总是离具体的人远一些，小道理则离具体的人近一些；大道理常有点居高临下的味道，小道理则有点亲近贴切的感觉。比如，清代郑板桥在处理民众诉僧、尼"有伤风化"案时，一句诙谐幽默又充满机巧的"一半葫芦一半瓢，合来一处好成桃"，就将人们追求婚姻自由的美好期盼转化成具体、感性又充满人情味的小道理。法律是严肃的，但法律工作和法律工作者完全可以是富有人情味的，尤其是在强调以人为本、建设和谐社会的今天更应该如此。

二是善于将复杂的法条转化为简练的语言。据国务院新闻办 2011 年 10 月发布的《中国特色社会主义法律体系》白皮书介绍，截至 2011 年 8 月底，中国已制定现行宪法和有效法律共 240 部、行政法规 706 部、地方性法规 8600 多部，已经形成了涵盖社会关系各方面的中国特色社会主义法律体系。[①] 社会主义法制的不断完备，一方面为保证人民权益和社会公平正义提供了有力保证；另一方面，大量的法律条文涉及专业术语越来越多，也对法律语言"入乡随俗"提出了新挑战、新要求。比如，有些案件原本事实清楚、审理程序合法、裁判结果得当，而当事人却不断申诉、上诉、上访。这里面一个重要的原因，就是我们的法官、律师不善于"化繁为简"，尤其是一些法律知识和文化水平相对欠缺的人，无法完全理解法官、律师等对比较深奥的法律专业术语的说明，心结心病解不开，疑团疑虑抹不去，难免发生抵触情绪，导致法律

---

① 国务院新闻办. 中国特色社会主义法律体系（白皮书）[M]. 2011.

执行达不到应有的社会效果，案结事难了。在法条"化繁为简"方面，一些古代官吏的执法智慧很有启示性，仍然值得我们学习借鉴。明朝"吴中四才子"之一的祝允明（祝枝山）在处理"两牛相斗"案中，很简单的"两牛相斗，一死一伤。死者共享，生者共耕"判词，没有长篇大论，就将饲养动物损害责任的复杂关系解释得清楚明白、合情合理，"争端平息"就是水到渠成的事情了。当然，这里指的只是祝枝山解释法典和说理的技巧。总之，法条的"化繁为简"应尽可能从当事人实际的思想认识出发，有的放矢地讲明道理，解开疙瘩，促进当事人对法律精神的理解和认可。

三是善于做到"两手抓、双促进"。法律语言"入乡随俗"要做到合情合理，实际上是一个双方互动、共同提高的过程。关于法律语言"入乡随俗"的定位，我们上面提到应该在"法律精神"与"群众语言"之间找到一个交汇点。要找到这个"交汇点"，一方面，法律工作者应当"用群众听得懂的语言"办案；另一方面，在全体公民文化知识水平普遍提高的今天，让普通群众尽可能多地熟悉、掌握法律专业术语，也有了更为现实的条件。事实上，我们通过多年来形式多样、内容丰富的普法，在全社会广泛学习宣传宪法以及与经济社会发展、群众生产生活、整顿和规范市场经济秩序、维护社会和谐稳定、促进社会公平正义相关的法律法规，特别是将法制宣传教育贯穿于法律起草、实施、办案实践以及法律监督的全过程，极大地提高了全体公民的法治意识和法律素养，为法律语言"入乡随俗"奠定了坚实基础。可以说，"法律精神"与"群众语言"二者之间并没有矛盾。因此，一手抓"法律精神"转化为"群众语言"，使法条（或合同条款）更多地使用贴近社会、贴近生活的语言；一手抓法律常识的普及，让"群众语言"更多地融入法律专业术语。如此，将更有利于促进公民依法行使权利、履行义务，形成遵守法律、崇尚法律、依法办事的社会风尚，实现"合法"

前提下的"合情合理"，法律语言"入乡随俗"的路才可能越走越顺畅。

根据上面的分析，我们可以得出这样的结论：法律语言"入乡随俗"，"合法"是基石，"合情合理"是内在要求，"简练"是有效途径。认识法律语言"入乡随俗"的"合情、合理、合法以及简练"境界，把握它们之间的相互关系，我们就能够从新的视角探究法律语言"入乡随俗"的内在规律性，找到"把法律语言转换成符合法律精神的群众语言"的可行办法。

三、强化法律素养和文化素质，提升法律语言"入乡随俗"的社会效果

法律语言"入乡随俗"实施的好坏，取决于操作者的素质。要保证"法律语言"在法治轨道上转化为"群众语言"，法官、律师等法律人除了要改进语言技巧之外，更多的应该把功夫下在提高自身法律素养、文化素质等方面。

要增强忠于法律意识。《中华人民共和国法官法》第三条规定："法官必须忠实执行宪法和法律。"修订后的《律师法》和中办发〔2010〕30号文件规定的律师执业宣誓誓词也有"保证忠实履行中国特色社会主义法律工作者的神圣使命""维护宪法和法律尊严""维护社会公平正义"等内容。对于法官、律师等法律人而言，法律事业理当是神圣的职业。法律人忠于法律包括对从事这一职业的敬仰和奉献，而不能停留在谋生手段的低层次认识上。忠于法律是法官、律师等法律人的职业美德和职业伦理，是取得当事人信任的前提和基础。如果法官、律师等法律人不按法律规定说话，不正确使用法律条文，即使巧舌如簧，也没法让人信服，法律语言也就不可能转换成符合法律精神的群众

语言。增强忠于法律的意识，必须提高正确理解法律的能力，深刻认识和把握中国特色社会主义法律体系的本质特征，深刻领会法律精神，坚持宪法和法律至上的原则和以人为本、司法为民的核心；必须提高法律思维能力，深化对法律语言的理解、对法律逻辑的把握、对法律基本思想和基本方法的掌握等，自觉把法律思维作为一种职业思维来培养。

要增强法律服务意识。法官、律师的工作对象是群众，服务对象是群众。平时说话办事能不能得到群众的拥护和认可，能不能取得群众理解和信任，这与他们能不能、会不会说"群众语言"关系密切，与他们的服务意识关系密切。① 一些法官、律师服务意识不强的重要原因，就是说"群众语言"的内动力不足。有些法官认为自己是"公家人"，理当讲官话、讲行话，以显示自己的水平与威严，把讲群众语言、联系群众视为"套近乎"或者无聊的闲扯，人为地制造感情隔膜。有些律师习惯于搞一套一般人听不懂的所谓法言法语来筑起行业准入的门槛，以此来增加行业的神秘感和人们的敬畏感，甚至希望老百姓听不懂、看不透，只好掏钱请律师。要提升法官、律师等法律人说"群众语言"的内动力，要经常性地开展职业道德教育。引导广大法官从讲政治的高度认识讲"群众语言"的重要性和必要性，坚持司法为民，广泛地接触群众、亲近群众，服务群众；多与群众交流，与群众交朋友，了解群众的诉求，了解产生语言障碍的因素。要在律师行业中广泛深入地开展从业道德教育，以平白易懂的语言加深与服务对象的联络沟通，通过诚信、周到的服务赢得客户、拓展业务。同时，要通过完善法官履职、律师从业的全方位监督办法，以制度的落实推动服务意识的提高。

要增强文学素养意识。历史上一些有名的案例的判词大多是官员所作，他们均为进士出身，具有较高的文学修养和文字功底。文学素养高

---

① 群众语言是打开百姓心灵的金钥匙［EB/OL］. 中国法院网 . http：//old. chinacour.

不但能做到叙事清楚、说理透彻，而且大多易动真情，写出机巧又有说服力的判词。像我们上面提到的北宋张咏、南宋马光祖、明朝祝枝山、清朝郑板桥，无一不是当时有影响的文人。他们不仅精通法典，文学方面也颇有建树。文学是社会生活的"百科全书"。优秀的文学作品，不仅能正确反映时代的社会风貌，还能深刻地揭示生活的本质和规律，从而使人们从其中辨清是非，区分真伪。当代的一位资深法官曾说："法学和文学，是法官行动的两个车轮，离开任何一个不能行走。"在时代发展、法治进步的新形势下，法律人在法律语言"入乡随俗"实践中要达到"合情、合理、合法以及简练"的境界，把法治的理念、人文的关怀、法律的规定以及具体的案情等因素有机融合，游刃有余地"辨法析理"，一条有效的途径，就是要增强文学修养进而提升自己的洞察力、判断力、创造力和人格魅力。提升文学修养，一是要坚持有选择地精读细读经典名著，从中汲取智慧和经验，培养敏锐的观察力、感知力和判断力，并将其运用于法律语言"入乡随俗"实践之中，从复杂的矛盾冲突之中寻找突破口和结合点；二是坚持多读通俗文学作品，尤其是要熟悉故事作品的口头语、大白话风格，吸收故事语言的地气；三是要坚持练笔，通过尝试文学创作，锻炼形象思维和逻辑思维能力，加强理性人文思考，提高文字语言表达能力和思想道德境界。

要增强总结思考意识。伟人毛泽东曾经向人们透露过他成功的法宝："我是靠总结经验吃饭的。"当今社会，法律涉及的领域越来越广泛，调整的社会关系越来越复杂。在处理各种矛盾纠纷时，法律人要做到"把法律语言转换成符合法律精神的群众语言"，绝非一朝一夕之功就能解决的，必然像寓言故事里那位"以杓酌油沥之，自钱孔入，而钱不湿"的卖油翁那样，需要一个长期实践总结然后达到"熟能生巧"的过程。近年来，一些地方人民法院在推动法律语言"入乡随俗"的实践中，将法官在长期的审理、调解工作中经常使用且效果良好的民间谚语、俗语、名言警句等进行整理、汇编，形成"法庭常用民间谚语"一类的小册子供法官参考，引导法官通过简练的语言进行"辨法析理"，使"合情""合理"与"合法"有效融合，增进了法官办案、调解语言的趣味性和生动性，有效拉近了法官与当事人之间的距离，让老百姓感到更加亲切，法律语言"入乡随俗"取得了良好的法律效果和社会效果。

第二节　司法语言专业化与大众化的融合思考

党的十八届四中全会指出，要让每一个群众都能够在具体的案件里感受到公平正义，这既是司法工作的最低准则，更是普通民众对司法公正的热切期待与要求。当前，无论是学术界还是司法实务界，加强审判语言的专业化、规范化已是不争的共识。但在司法实践中却面对着这样一个悖论：一方面，法律的权威性、司法行为的规范性要求庭审语言是专业的、职业的；另一方面，庭审语言的受众是普通当事人和普通百姓，法言法语又必须是通俗的。这给我们提出了一个问题："在法治轨道上全面建设社会主义现代化国家"的新形势下，法官尤其是基层法官该如何将专业化、精细化的法言法语，与普通民众顺利对接？

一、庭审语言规范化、专业化面临的新问题

法律是语言的法律。法律语言作为法律行业的职业语言，无论是其专业术语还是语体风格和语法结构，都凸显着鲜明的法律特征。蒂尔斯玛指出："法律语言在各方面不同于日常语言，更不同于大多数其他职

业所使用的技术语言。"① 一是法律的专业性、严谨性和权威性要求法律语言必须运用专业的语言构建逻辑严密、表述规范的法律体系，不可避免地要大量使用法律用语和专业术语，也唯有法律的专业话语方能以其偌大的语言容量和严谨的逻辑关系充分显示法律规范的内涵，彰显法律的权威性。正如马丁所言："如果没有专业话语，科学家们根本就不能从事他们的工作。专业话语不仅简明并因而充满效率，而且更重要的是他们将另外一种现实转化为常识，他以一种不同的方式建构世界。"② 如果没有法律专业术语，法律就不成其为法律。二是法律有其自身的内在结构，没有专门的、特定的词汇，法律的本意就难于准确地表达，裁判的统一和公正将难于保证，法律界的对话和交流也将有很大困难。中国是个有着 14 亿人口的多民族大国，地域辽阔，语言种类繁多，不同的方言不仅会造成交流障碍，甚至造成司法的不统一。因此，法律语言的专业化和规范化，不仅是规范执法和司法标准的统一的需要，是法律职业化的需要，更是全面推进依法治国、建设法治国家的需要。

　　然而，在推进法律职业化的进程中，矛盾出现了：法律本身是社会关系中的法律，但现在却由于其相对的独立性和职业的特殊性，造成了语言所构筑的"意义世界"与诉诸实践的"生活世界"无法抗拒而又难以填平的鸿沟，专业语言与大众语言之间产生了隔膜、隔阂，甚至于产生了平民主义与精英主义立场的冲突。20 世纪 70 年代末期以来，英国等发达国家的民间开始发起了一场简明英语运动（亦称为向法律语言发动的战争，The War Against Legal Language），其矛头所指是包括法律语言在内的所有的冗繁费解的行业性、专门性的语言，倡导使用简明法律语言。③ 在现阶段的中国，尽管人民群众的文化水平在不断提高，

---

① 叶春花 . 法律语言的规范化研究［D］. 淮北师范大学硕士学位论文，2010.
② 叶春花 . 法律语言的规范化研究［D］. 淮北师范大学硕士学位论文，2010.
③ 陈东，巢志雄 . 论诈欺和欺诈——兼议法律语言的通俗化［J］. 学术研究，2005（8）.

但因人口基数大，受教育程度不均衡，法律意识还比较薄弱，特别是广大农村，法律知识与法律意识较匮乏，法律的专业化与社会公众的法律知识之间的鸿沟呈不断扩大的趋势。因此，在司法活动中法官所面临最困难的问题，是专业化与大众化之间的庭审表述问题。法律语言存在的目的性要求其有高度的专门性，而专门性必将产生不可理解性；而不可理解又会制约目的性的实现。但要彻底消除这一矛盾，在目前是不现实的。倘若这一矛盾激化，亦不利于法治的进步与社会的和谐。因此，认识和解读法律语言专业化与大众化的矛盾关系及其特征，是当今理论与实践中亟须解决的一个重大课题。

二、庭审语言大众化对化解现实矛盾、跨越隔阂具有较强的社会意义

任何法律制度和理念，最终都必须寻求普通民众的认可和接受，并在普通民众的日常生活中实施。孟德斯鸠告诫立法者："法律不要过于模糊和玄奥，而应像一个家庭父亲般的简单平易，因为它是为具有一般理解力的人们制定的。"边沁也指出："法律的风格应该和它们的条例一样简单；它应该使用普通语言，它的形式应该没有人为的复杂性。如果说法典的风格与其他著作的风格有什么不同的话，那就是它应该具有更大的清晰性、更大的精确性、更大的常见性；因为它写出来就是让所有人都理解，尤其是让最低文化水平阶层的人理解。"① 当今中国正处在全面深化改革关键阶段，旧的社会治理机制与新的社会结构产生激烈的碰撞，各种矛盾层出不穷，社会矛盾易发、多发、高发。近年来，刑事犯罪、民事纠纷和行政争议案件激增且成因复杂，大大增加了法律适用和审判难度。此外，人民群众对司法的期待越来越高，不仅要求司法

---

① 刘爱龙. 立法语言的表述伦理［J］现代法学，2006（2）.

公正而且要求司法高效，不仅要求实体正义而且要求程序正义，不仅要求维护权利而且要求明确法律规则。许霆案、药家鑫案、呼格吉勒图案等案件造成的巨大影响，反映了公众在司法公正上的焦虑情绪。司法公正成为每年两会的人大代表和政协委员热议的话题，更反映了整个社会对司法公正的高度关注与期待。特别是在法治意识薄弱的基层，司法者如何有效地解决群众的实际问题，面临着前所未有的压力与挑战。河南省高级法院庭长张宗敏提出，法官应根据庭审活动中不同的诉讼主体、庭审场景，在法律专业术语和日常通俗话语之间进行必要的切换，从而实现法官与案件当事人及其他诉讼参与人之间语言的有效沟通与交流。最高人民法院法官李晖提出，法官的庭审语言不应光注重术语化，更应该注重朴素化和通俗化。河南法官进修学院院长潘家玲认为，法官娴熟运用法律语言与通俗语言有助于法官对整个庭审的控制。① 近年来，随着中国司法改革的不断深化，特别是我国新刑事诉讼法实施后，社会公众越来越关注法庭审理与法庭辩论。不少地方人民法院特别是基层法院亦开始大力倡导法律语言"通俗化"，"用群众听得懂的语言"办案，增强当事人对法官的信任感、亲和力，取得了良好的法律社会效果。中国基层司法实践表明，司法方法与司法公正实现途径是丰富的。无论是法官审理案件还是调解案件，法官语言的大众化更能回应群众对司法工作的新要求、新期待，更利于化解矛盾，解决纠纷，符合当事人的诉讼需求。

三、司法语言专业化与大众化互动融通的思考

近年来，我们需要怎样的法律语言，法律语言是专业化还是通俗化问题，已成为学界与实务界讨论的热点话题之一。一方观点是"法律

---

① 李凯. 法律语言：通俗化与术语化并重 [N]. 检察日报，2013-11-05.

要让普通老百姓看得明白"。因为构成法律内涵的权力、权利、公正、正义、秩序等不是遥远的概念，而是活生生的日常现实，只有社会受众接受与理解了，法律语言的功能方能实现。另一方观点是"不能靠法律（文本）普法"。北京大学教授陈兴良提出要把法律当作裁判规范，专业人士看得懂，不能要求人人都看得懂，不能靠法律文本来普法。①除这两种观点外，还有学者认为，尽管专业话语与大众话语因内涵不同而产生了隔膜、隔阂，但法律语言的专业化与大众化之间的隔阂并不是一成不变的。比如在庭审活动中，这种隔阂与隔膜可以通过法官或律师的语言进行弥合，实现专业性与通俗性的融合。尽管目前学术界和司法实务界对法律语言是专业化还是大众化的问题尚未形成定论，但随着法律语言研究的不断深化，特别是随着中国司法改革的推进，越来越多的学者开始关注法律语言的专业性与大众化两者的转化和融合问题。但如何转化与对接，尚在进一步探讨之中。

　　诚然，在推进法律职业化的进程中，专业化和大众化经常处于一种矛盾之中。造成这种矛盾的因素很多：一是日常思维与法律思维的区别使普通民众不能很好地理解和运用法律。众所周知，法律思维是法律职业化的标志之一。在具有高度社会分工的现代性社会里，每个人的思维多是基于生活或工作而形成的思维习惯。这种思维不同于经过专门训练的法律思维。法言法语是法律思维所使用的工具，在凸显其专业性、职业性的同时，亦显示与普通民众的隔阂与距离。二是起步于西方的法制现代化特别是一些引进的西方法律制度和法律术语，因与中国大众文化差距太大而造成普通民众接受的困难。中国封建法系经过几千年的缓慢发展，形成了自己独特的法律文化，以儒家思想为基础的中华法系在世界法系中独树一帜。1840 年鸦片战争以后中华法系开始解体，中国古

---

① 李凯．法律语言：通俗化与术语化并重［N］．检察日报，2013-11-05.

代法律文化出现了断裂。一百多年前从西方和日本引进的西洋法律，深刻影响了当代中国法律文化符号表达样态和制度描述方式。我国现有的司法制度、司法文书格式基本上是以德日等大陆法系国家为蓝本的，与中国古代法律文化完全脱节。中西法律文化的差异性，不可避免地会对处于不同法律文化背景下的受众造成理解的困惑。三是司法实践中，法官说理尤其是司法判决书说理缺失的影响。尽管在司法改革中，最高人民法院的文件一再强调要加强判决书的说理性，但长期以来，法官不重视说理、拙于说理甚至不愿说理，也在一定程度上降低了司法判决的合法性、合理性，影响了司法职业的专业化，而且降低了民众的可接受性，影响了当事人乃至整个社会的法律认知水平的提升。

由此可见，在现代中国这一特定的语境下，法律语言的专业化与大众化存在矛盾，但两者的矛盾并不是绝对的。随着法治建设的不断推进，人们法律意识的不断提高，专业化和大众化的隔阂也会随之不断改变，两者将有效融合，相辅相成、共同促进法律职业化的进程。

（一）全民普法是实现法律思维与日常思维的互译的有效途径

经过特定的法律教育才能拥有的法律思维与日常思维自然存在很大的差异。从某种意义上说，专业化与大众化的矛盾其实是日常思维与法律思维的矛盾，但"法律思维与大众思维并没有绝对严格的界限。法律思维能够成为一种独立的思维方式，原本就是从人们关于法律的各种思考中发展起来的，所不同的可能仅仅是法律人对法律和法律语言有着更深入、更为执着的思考"①。法律通过法律人的语言向公众语言的转化，才能成为被我们称为"法治"的生活方式的规则。只有当法律人与其他人一起分享自己民族的语言和思想方式，法律思维最终才能转化

---

① 葛洪义：法律方法与法律思维中的语言问题_ 海豚栖息地_ 法律博客 ［EB/OL］. www.fyfz.cn、http：//xhuzhijian.fy.

为大众思维，其结论才能为公众所肯定和认可。语言研究亦证明，日常语言和法律术语、日常思维与法律思维之间都具有一定的联系，并在特定情况下可以转化，甚至生活中很多语言兼具专业语言与日用语言的双重品性。如杀人、约定、渎职、诚信等。但要真正使法律思维转化为大众思维，普法是一个非常重要且行之有效的途径。古今中外，许多法律完备的国家，都非常注重法律的公示和宣扬。公元前 451 年，罗马将《十二表法》公布在罗马广场上，昭示世人。我国春秋时期将刑法铸在金属鼎上予以公布，否定了"刑不可知，则威不可测"的旧传统。明代朱元璋为"重典治世"，要求每户人家必须有一本《明大诰》。人类法治史昭示：法律越普及，越能接近并进入民众生活。特别在中国这样文化水平总体偏低的人口大国中，全民普法是富有成效的举措。新中国成立初期的大众动员型人民司法，在那个人们还没有多少法治意识的年代，人民司法不仅仅是解决纠纷和审理案件，更重要的还在于教育和发动群众，通过公审、巡回就审、黑板报、布告等形式来进行法纪宣教工作，在司法实践中体现了一种司法通俗化的特色，对民众法律意识的普适化具有重要的意义。从 1986 年中共中央宣布全国普法开始，通过八个五年的各种形式的普法教育，特别是近年来各级法院推出的"法官进社区""普法进学校""送法下乡"等举措，大大提高了民众的法律意识与法治思维。人们不仅意识到要通过法律和法院来维护自身利益，而且也开始从社会和国家发展的角度来关注法律和法制，运用网络和媒体等方式和途径，对不公正的司法行为和现象发表自己的意见。法律思维成分在日常思维中的含量不断增大，一些法律专业语言，比如"正当防卫""酒驾""民事赔偿""渎职罪"等也渐渐进入老百姓的日常生活中，法律语言不断影响并渗透到社会生活的各个领域。

（二）庭审活动是专业性与通俗性良性融合的重要环节

无论是立法语言还是司法语言，都必须是规范的、职业的，必须有一套独特的专业化的语系。但这套语系要进入现实法治生活之中，首先必须依赖法律职业人的传递和解释，即要求法律人从职业化的角度将专业法律术语"翻译"为大众化语系。从这个意义上说，庭审活动是专业性与通俗性良性融合的重要环节。

1. 庭审活动是专业语言与大众语言对接的平台

庭审过程是以法官为主体所进行的解释法律和适用法律的司法活动过程。在庭审过程中，法官、检察官、律师这三大主体的语言及证人证言等构成了整个审判语言。法官作为具有最高的权威和影响力"会说话的法律"，首先要学会在"专业与通俗"之间寻求一个恰当的平衡点。一方面司法权的中立性和程序性要求法官必须准确地运用专业的法言法语来进行审判活动，让当事人和公众直接感受程序的正当公平；另一方面由于我国相当多的基层民众法律知识较为贫乏、对诉讼程序、证据规制不了解，对法律术语理解有困难，因此在庭审过程中，法官应根据当事人的具体状况，有针对性地运用法言法语，必要时要将法律术语加以阐明和解释，以在诉讼过程中保证弱势群体的诉讼权利。司法实践中，法官在裁决书后面对整个案件的专门性的裁决解释即判后释名，是帮助当事人能更好地理解判决结果、应对法律专业化与大众化的矛盾的有效方式。

在庭审过程中，除了法官语言对整个庭审活动产生重要影响外，律师语言亦是实现审判功能的一种桥梁和纽带。律师作为连接法官与当事人的纽带，一方面把法官的法言法语阐释给当事人；另一方面把当事人的语言转化为专业的法律语言，在法官与当事人之间形成有效的沟通，推进庭审进程。

2. 庭审中依法说理的过程是专业性与通俗性良性融合的过程

说理，顾名思义就是讲道理，以理服人。法律本身就是一种"大道理"，要树立法律至上的权威就必须依法说理，以说理取得人们的信赖和服从。法院在制度设计上是人们定分止争的场所，因而也是说理评理的场所。当人们让法官依法解决纠纷时，法官就要以中立的立场让当事人充分论辩、充分举证。无论是对证据的认定、采用还是对法律的适用等，法官都必须充分说明理由。只有充分说理，才能够抑制法官的恣意，让当事人无论输赢皆口服心服。而为了让法律这个"大道理"使普通百姓能够听得懂，法官就要善于"把法律语言转换成符合法律精神的群众语言"，尽量贴近社会公众的生活实践，用普通百姓容易接受和理解的方式说理。此外，利用庭审后发布的"法官后语"，由法官对判决结果及过程进行进一步的阐释与说明，亦可增强判决书的说理性，帮助法律水平低的当事人认识和理解判决结果。为了提高当下判决书的说理效果，很多学者主张从中国古代经典判词中吸收智慧，增强说理性。古代判官们为了说服当事人和听众，无论是民事案件，还是刑事案件，在撰写判词时都善于使用修辞方法论证，以文学化的语言来叙事和说理，将情理法融为一体。翻阅我国封建社会各个朝代的判词，无论是"引经解律""春秋折狱"的惯例，还是北宋张咏的"一钱诛吏"、清朝郑板桥的"律词姻缘"，这些民间广为传颂的判词，尽管时间跨度很大，不同朝代刑罚执行的宽严尺度亦有所区别，内涵上不可同日而语，但这些判词将情、理、法融为一体，简明易懂，让老百姓愿意接受。这些古代良吏的执法理念和智慧，依然可以成为我们今天所倡导法律语言"通俗化"努力追求的一种境界。

（三）司法公开是拓展公众参与司法渠道，让民众直接感受法律和接受法律教育的课堂

随着法治发展，法律法规日趋繁多，法律程序日渐精细，司法的职业化、制度化和规范化程度不断提高。对于社会大多数公众而言，法律渐渐成为一个独特的职业化领地。大多数民众不可能像法律职业者那样熟知法律，法言法语和复杂的诉讼程序尤其加大了普通民众的理解难

度。在司法实践中，人民法院自认为公正审判的案件，往往由于审判过程的不公开和相关当事人及公众掌握信息的不对称而经常受到质疑。因此，落实司法公开，特别是近期最高人民法院出台了一系列关于司法公开的意见和规定，通过公布审判流程、裁判文书和执行信息，让当事人和普通民众通过法律运行的鲜活案例，了解法官的判案过程，明白判案的依据。这既有利于促进司法公正、提升法官司法能力水平，又能让民众直观感受法律和学习法律，普及法律和树立法治信念。同时，在深化司法改革中倡导司法大众化，亦是不断推进民众对司法活动的有序参与的有效渠道。其中，人民陪审员制度是人民群众参与司法活动最直接、最重要的形式。该制度可以使人民群众的大众思维与法官的职业思维形成互补，弥补职业法官在知识上的不足和思维方式上的欠缺。虽然由于种种原因，我国的陪审制度还没有能够充分发挥其功能和效用，但人民陪审员制度能让普通民众通过陪审活动直接参与具体案件的全过程，直观地了解和感受我国的法律和司法程序，是进行法制教育、提高群众的法律知识水平的免费课堂。

（四）加强司法宣传，是消除法院与民众间的沟通障碍的重要途径

司法工作的专业性，加上司法裁判多使用法言法语，传播途径和范围有限，使普通民众对司法工作的特点和规律缺乏深入全面的认知，公正难以被感知。因此，把司法宣传和司法公开有效衔接，是消除法院与群众间沟通障碍的重要途径。近年来，各级法院注意寻找司法改革与矛盾消弭的融会点，加强宣传取得了较好的成效。一是通过法院"公众开放日"等活动，消除公众对法院的神秘感；二是通过开展"法官进社区""法官进乡村"活动，延伸司法服务；三是运用传统媒体和官方网站、微博、微信、新闻客户端等新媒体，加强新媒体时代与民意沟通能力；四是拓展各项便民举措，为人民群众提供简约、方便、快捷的诉

讼服务。总之，司法宣传是社会公众了解和认识法院工作、增强司法公开性和透明度，拉近与人民群众距离的平台。

四、结语

司法语言专业化与司法语言大众化是我国法治化进程中不可避免的矛盾。我国人口众多，受教育程度不均衡，法律意识普遍不高，是制约司法语言专业化的一个重要因素。但司法语言专业化与大众化的矛盾并非完全对立的，两者之间存在着一定程度的张力，可以相互兼容、相互融合和相互促进。如果说司法语言的专业化是法律职业化的需要，是法治社会的必然要求，那么司法语言大众化则可促进社会公众对法律的接受、理解和信赖，对现阶段化解矛盾，跨越法律与民众的隔阂具有重要的社会意义。因此，在中国特定的语境下，寻求促进司法语言专业化与司法语言大众化有效融合的途径，不因专业性而疏离、排斥大众性，亦不因通俗化而损及法律的准确性与严谨性，这既是司法语言的至高境界，亦是当下中国法治建设的一个重要的使命。

第五章

法律语言的实践性

第一节　司法文书中叙述语言的特点

　　司法判决文书是法院依照法定职权按照法定程序制作的法律文书，是具有很强法律性的文书。为此国家的相关部门出台了一系列规定，强调使用规范、文明的司法语言。但是从目前司法语言使用的情况看，还需努力。如何提高和完善司法语言，特别是如何提高司法文书在事实叙述、论据甄别、理由阐释等方面的质量，笔者认为应从司法语言的基础——叙述性语言的优化入手。

　　司法实践的特性决定了司法文书从语言运用、表达方式到文书格式都有其独特的表现风格。司法文书主要采用叙述、说明和论证的表达方式。司法文书要求真实并准确地记录司法机关对某一具体案件的分析、认定、适用法律及最终做出的司法决定的整个过程。而在司法语言中，主要用于反映案件的事实，揭示整个案件的来龙去脉。因此，在司法文书的写作中，了解叙述语言的特点、使用好叙述语言非常重要。叙述语言的特点主要有以下几方面。

一、叙述视角的中立性

法律的实施和适用，是通过司法文书来实现的。司法文书承担了实现司法公正的责任。因此，司法文书的制作者必须以中立的视角来叙述案情事实，客观准确，不夸大，不缩小，无歧义。具体要求为：

第一，叙述语言必须客观准确。在司法语言中，法律叙述的要素是由各类案件及法律事实的构成要素及特点决定的。熊先觉先生指出："叙述案情事实必须考虑两方面的因素：一方面考虑法律上构成案件的要件，应该在叙述案情的要件叙述清楚；另一方面又必须考虑语言表达上的要求，这就是通过语言文字把案情事实表达清楚，这两者必须结合在一起。"① 因此，对陈述的案情事实，必须实事求是，忠于事实真相，力求准确无误，以免影响对案件的准确审判。

第二，叙述案件事实不仅要交代清楚案件的来龙去脉，而且还要对构成案件事实的各要素叙述清楚，如时间、地点、动机、行为人、手段、情节、后果等要素之间的内在联系，使之成为一个有机的完整的案件事实，反映出案件事实的本质，利于司法机关对案件性质的认定及适用法律。

叙述语言的平实性，要求在叙述时不能采用文学的笔调，排斥带有主观情感的描绘性的语言成分。更不宜使用夸张、比喻、借代等修辞手法，否则有损司法文书应有的庄重与严谨，削弱法律的权威与法律的约束力。例如下面这一份关于继承权纠纷的民事判决书在陈述案由时就不合规范："本院认为：被告作为原告的同胞兄弟，不应为图谋家产撒下弥天大谎，事情败露后，又提供伪证，多番狡辩，情节严重。但若能悬崖勒马，知错就改，善莫大焉！何乐而不为？"……例中"弥天大谎"

---

① 陈炯．谈司法语体中的叙述语言［J］．应用写作，2000（2）．

"多番狡辩""悬崖勒马"等描述性词句，与"善莫大焉！""何乐而不为？"这类带有感情色彩的感叹句和问句，主观色彩太重，欠客观、理性，淡化了判决书的严肃性与权威性，有失庄重。

二、叙述方式的时序性

清代刘熙载在《艺概·文概》中列举了以下几种叙事方式："叙事有特叙、有类叙、有正叙、有实叙、有借叙、有详叙、有约叙、有顺叙、有倒叙……种种不同。"司法文书为力求案件叙述脉络清晰，一般最常用的是顺叙，即按照案件发生、发展的时间先后来叙述，使叙述的脉络清楚，让人一目了然。例如，"被告人刘××于 2020 年 8 月 6 日 9 时许，从本市××金店实施抢劫后携珠宝逃往广州，到广州后于 8 日上午再次乘火车到达昆明，当夜入住××酒店后被警察捉拿归案。"（某刑事判决书）

需注意的是，使用顺叙方式时，防止因时间缺乏连贯性而产生矛盾或表述混乱。

除顺叙外，司法语言中也常根据案情的需要，采用平叙或分叙的方式。平叙就是将同一时间内不同地点所发生的两件或两件以上的事，或按事件的不同方面进行叙述的方法。平叙法一般适用于团伙犯罪或共同犯罪的案件。采用平叙时，要注意叙述的条理性，要根据案情内容的需要确定一条叙述的主线，分别对每一件事件发生发展的时间、地点和人物交代清楚。

值得关注的是，在司法文书叙述案情中还有一种时序叙述法，就是打破常用的顺序写法，按照犯罪性质的轻重程度来叙述。这种写法亦称突出主罪法，即把重罪放于前面叙述，轻罪的放到后面叙述。① 这种写

---

① 陈炯. 谈司法语体中的叙述语言［J］. 应用写作，2000（2）.

法的优点是主次分明，突出重点，便于对整个案件的核心事件或人物有清晰的了解。但若使用不当，则有可能会造成表达上的混乱。

三、叙述语言的简明性

叙述语言的简明性是司法文书准确性与简明性的具体体现。晋代杜预在《奏律令注解》中说："度设教，法者，盖绳墨之断例，非穷理尽性之书也。故文约而例直，听省而禁简。"表现在内容上，要求事实清楚、证据确凿、定性准确；语言简洁明了，不蔓不枝。表现在形式上，要多用规范的肯定句式、陈述句式和判断句式；既要防止叙述事实笼统含糊，内容表达混乱，又要避免使用一些"千篇一面"的空话、套语。如有些司法文书，在陈述过程时称"情节恶劣"，分析行为时称"手段残忍"，指出后果时称"后果严重"。这样的语言不仅无法体现个案的具体特点，而且也不能准确地反映司法机关对案件性质的认定及裁判。

适当使用"法言法语"，坚持选用规范的书面语言，是叙述语言简明性的重要手段。书面语言用词准确、精练，句式结构完整、周密，可以最大限度地满足司法文书客观显示适用法律的需要，规范的书面语言最能体现司法文书的庄重性与严谨性。如"犯罪嫌疑人王××故意伤害人一案，经××市公安局侦查终结，于××××年××月××日移送本院，审查起诉"（某民事判决书）。语言表述简洁周密，风格严谨。

四、叙述事件的概述性

作为司法机关办理具体案件的直接反映，司法文书具有很强的法律专业性。其主要任务就是叙述清楚诉讼事实，阐述处理的理由及适用法律。因此，司法文书的叙事，应该具有一定的规范性，不能像文学作品那样注重生动、形象、具体，而是在叙事时随着论证或者说理。一般来说，叙述事实尽量使用概括叙述方法，反映案情时文字简练，力争做到客观平实。例如，"被告李××与原告许×均在××工厂工作，2021 年 1 月开始，两人建立了恋爱关系。相处一段时间后，原告许××觉得两人性格不合，便在同年 8 月，提出与被告解除恋爱关系，但被告李××不同意，一直纠缠不放。12 月 5 日晚，双方再次发生口角。争吵中，李××拿出事先准备好的硫酸向许××的脸泼去。"类似这样的叙述方法，是目前民事判决书常用的案情陈述法。

司法判决是法院依照法定职权按照法定程序制作的法律文书。叙述语言的概述性还体现为正确使用规范性的法律用语，注意使用某些程式化的行文用语。如判决书的首部、尾部使用的行文用语，也是一种概括的陈述方式。不仅使司法文书的语言更加简明、理性和平实，还可让司法文书的语体风格更加庄重、严谨。如"被告张某未经黄某的许可，没有合法依据地使用黄某的作品、图片和资料拍制成商业广告视频的行为，违反了著作权法中对作者权利保护的规定，侵犯了黄某依法享有的著作权和获得报酬权，依据《中华人民共和国民法典》《中华人民共和国著作权法》及其他相关法律的规定，为切实维护权利人的合法权益，经审查后删除涉嫌侵权的相关内容，同时被告张某的侵权行为给黄某造成的损害，亦应承担民事责任"。这是某一判决书的部分内容，通过"未经许可""违反了""侵害了"这些意义明确的词语，对侵权者的行为性质做出准确的界定；"著作权""获得报酬权"则对侵权类型做出判定；"删除涉嫌侵权的相关内容""应当承担民事责任"则对如何处罚做出明确的裁决，判决有法有据，语言简洁明了。

五、结语

司法判决文书是具有很强法律性的专业性文书，是法院依照法定职权按照法定程序制作的法律文书。规范、文明的司法语言是司法公正的关键指标之一。把握司法文书叙述性语言的特点，优化叙述性语言，无论是对保持司法文书的庄重性和严谨性，还是对司法语言的规范化都将具有重要的现实意义。

第二节　司法语境下法官的语言表达方式

语言不仅是法律存在的形式，而且还是法律精神的体现。法律对公平、正义、自由、秩序等法价值的追求都是借助语言实现的。特别是在国家的司法活动中，如何通过法官的话语使法律语言最大限度地促进司法公正，更是现代社会人们最直接、最强烈的期盼。司法过程是以法官为主体所进行的睿智地解释法律和适用法律的司法活动过程。无论是庭审还是调解，都是借助语言这个媒介来完成的。法庭是法官审理和裁判案件从而定纷止争的特定场所。由于司法权的中立性和程序性，决定了法官具有最高的权威和影响力。英国著名大法官丹宁勋爵说："法官的作用就是在他面前的当事人之间实现公正。"① "公平与正义的价值因素包含在法官话语之中，平等地对待诉讼双方是法官基本的话语风格。"② 法官在司法活动中的语言表达，不仅关系到司法活动的质量，更关系到司法公正以及国家法律的权威。因此，法官的语言表达，不仅在于其拥有深厚的法律素养，还在于是否具备高超运用语言的技巧。在诉讼过程

① 蔚铭. 浅谈法官在庭审中的语言（2）［EB/OL］. 中外学术—法律语言学研究网. http：//www. flrchina.

② 蔚铭. 浅谈法官在庭审中的语言（2）［EB/OL］. 中外学术—法律语言学研究网. http：//www. flrchina.

中，法官将针对不同的司法意境，依据不同的对象、运用不同的表达形式化解矛盾，解决纠纷。

一、不同阶段的审判程序使用不同的庭审提问方式使法官的语言更具规范性

现代法治社会要求，庭审活动必须依据一定的法律程序进行。作为居中裁判的法官应该多使用法言法语特别是程序性话语。程序性话语是法官履行职责的语言，能让人直接感受程序的正当公平，让当事人感受到法律的严肃与威严。

法庭审判有严格的程序要求。我国法庭审判的普通程序有：（1）开庭；（2）法庭调查；（3）法庭辩论；（4）法庭评议和宣判。为了确保审判活动的顺利有效进行，法官必须选择不同的语言形式和调控策略来顺应法庭审判程序，主导法庭活动。例如，法官主要通过关键性文句、确认性问句和咨询性问句来向当事人提问，实现庭审的交际目的。关键性文句通过使用省略形式集中表达了命题的核心内容。例如，"被告人姓名？""出生年月日？""籍贯？"法官的文句简洁明了，能较好地顺应法庭审判的程序要求；同时，不同阶段的审判程序还会促使法官做出不同的语言选择。通过不同的问句选择，法官可以有效地把握庭审的进程，从而更好地实现法庭审判庄严、公正和高效的机构目标。①

二、法官中立、规范的语言使庭审的调控更具公正性

法官通常可通过不同的问话来实现庭审中的调控，如"原告方还有没有新的证据？""被告方有没有新的证据？"以确认是否可以进入下

---

① 马磊军. 法律语言——一种司法对弱势群体实质不公平的来源［J］. 知识经济，2011（21）.

一个程序；"请被告方陈述新的辩护理由"……以这类话查证双方是否还有疑问和主张，并通过判断证据链是否完整等，来适时引导和调控庭审的方向和进程，决定每一个阶段的持续或终结，防止审理的拖延，使庭审更高效、更具公正性。

三、专业术语通俗化及视环境不同的语言应变使法官的语言更具"仁智"性

无论是立法语言还是司法语言，都必须是规范的、职业的，必须有一套独特的专业化的语系。不过这套语系要进入现实法治生活之中，首先必须依赖法律职业人的传递和解释，即要求法律人从职业化的角度将专业法律术语"翻译"为大众化语系。因为法律制度和理念，最终都必须寻求普通民众的认可和接受，并实施于百姓的日常生活之中。随着法治的发展，庭审语言的内涵越来越丰富，表达方式亦更为广泛和多样化。因此，将庭审语言的专业性与通俗性的良性融合，把高深的法律理论或法律问题论述得既不失规范，又明白晓畅；同时又不因通俗化而偏离专业准确性，乃是法官语言艺术的至高境界，亦是法言法语大众化的最高目标。

程序性的语言是法官履行职责的语言，体现的是司法的公正与法律的严肃性和权威性，但由于司法过程的阶段不同，每个案件的性质和特点不同，特别是当事人的年龄性别、文化水平、法律意识、社会阅历等方面的差异，法官必须有针对性地运用法言法语，针对不同对象的理解能力，加以必要的阐明和解释，以在诉讼过程中保证弱势群体的诉讼权利。近年来，不少地方人民法院特别是基层法院大力倡导法律语言"通俗化"，"用群众听得懂的语言"办案，把法律语言转换成符合法律精神的群众语言，让群众听得懂、听得明白，增强当事人对法官的信任

感、亲和力，取得了良好的法律社会效果。如对于文化程度较高且法律素养较高的当事人，特别是聘请了代理人的诉讼当事人，可以使用较为严谨规范的"法言法语"；对于那些文化程度较低、法律素养不高的诉讼当事人，在使用法律术语时应当考虑转换为较为通俗易懂的大众化语言或辅以解释说明。如有一案例：某甲看到邻居某乙家建新房子，便主动去帮忙，结果不小心从二楼摔下来，跌断了双腿。后来双方因医疗费问题产生争议诉至法院，法官问某甲："你是诉无因管理吗？"某甲一脸茫然，问"什么是无因管理"？诸如这样的情景，法官就必须对法律术语"无因管理"加以进一步的解释，以帮助当事人理解。

四、司法文书的叙事说理使法官的语言更具公信力

一是司法文书的叙事需有特定的表达方法。人民法院审理案件后制作的司法判决、裁判文书，是解决纠纷、明确当事人权利义务的法律文书，是将法律条文适用到具体个案的结果，具有很强的权威性和约束力，是衡量司法裁判是否客观公正的一个重要标准。从这个意义上讲，司法文书对具体争议的叙案说理具有普适的价值。司法判决书的结构要素包括事实、争议、推理、结论和裁决五个部分。其中，对案件事实进行叙述是一项十分重要的内容。案件事实是一种法律事实，既包括客观存在的事物、事件及过程，也包括人们对事实的认识。司法文书对法律事实的叙述，须有特定的要素和特定的方法。比如刑事案件叙述要素主要有时间、地点、动机、目的、手段、犯罪过程、犯罪结果等要素；刑事案件叙述方法为突出主犯法、突出主罪法、时间顺序法、综合归纳法等。因此，司法文书的叙事需有特定的表达方法。不同性质的案件，因事实不同，叙事理应有所不同，不能套用同一个模式。恰当地运用多种的表达方式和表达技巧，使叙事更符合法律的要求，提升当事人和社会

理解和接受判决的可能性。

二是说理就是辨法析理。"陈述判决理由是公平的精髓。"（彼得·斯坦语）司法的正当性与合法性是通过判决书的说理来彰显和实现的，判决书的说理亦是司法公正在裁判结果上的表现。遗憾的是，在我国司法实践中，司法人员一般是就案办案，只注重事实的调查与认定，不重说理。不少裁判文书存在说理不清、说理不透、说理不深等问题。因此，重视判决的说理，对于提高法官的专业素质，防止判决的随意性和主观性、消除司法腐败和裁判不公具有重要的意义。判决书说的"理"不外是法理和情理。我国的判决书一般包括首部、事实、理由、主文以及尾部这五大要素。一项规范的判决书的内容首先是对证据的采用进行严格分析，对案件事实的法律认定进行法理论证。其次是对法律适用应结合个案事实进行详尽的法理阐述。再次是对诉讼过程的主要程序进行必要的交代。司法判决过程就是对事实认定的证据分析及根据证据链进行缜密分析和适当的推理，对适用法律条文的含义、裁判结果进行充分的论证，并揭示要素之间内在逻辑联系的说理过程。只有"理"说清楚了，才能让当事人赢得明明白白，输得心服口服，司法判决才能得到人们的理解、尊重和悦服。

三是适当使用修辞，可增强判决书说理的力度与精妙。判决书需要说理在我国已是不争的共识。当前，我国的判决书拙于说理，表达形式单一，缺乏应有的感染力与说服力，一直为人们所诟病。随着修辞作为说服技术在当代司法实践中起到越来越重要的作用，修辞作为一种说服方法，以补判决书说理的不足已成为学者们的共识。从中国古代判词到当代判决书，从书面语到司法口语，学界对修辞增强判决书说理效果的研究成果越来越多。古代许多经典案例中的判词都体现了法律语言修辞的精妙运用。古代中国判官为了说服当事人和听众，在撰写判词时喜欢使用修辞方法来进行论证，以文学化的语言来叙事和说理，把情理法融为一体。北宋崇阳县令张咏"一钱诛吏"的判法,源于"一日一钱,千日千钱;绳锯木断,水滴石穿"之理。"绳锯木断""水滴石穿"的判词亦由此成为沿用至今的成语。在当代,我国司法判决中曾出现运用《孝经》去说服当事人的实例。台湾地区的新竹法院曾引用周杰伦的歌曲《听妈妈的话》来调解母子之间的纠纷。这些做法不仅有效地解决了纠纷,还获得了良好的社会效果。由此可见,恰当的文学化的论证不仅可彰显中国人的司法智慧,还可大大提高判决书制作水平,产生较好的社会效益。

五、结语

"努力让人民群众在每一个案件中都能感受到公平正义",习近平总书记在纪念现行宪法公布实施 30 周年大会上的讲话既是对司法工作的要求,更是普通民众对司法公正的热切期待。因此,法官的语言权威性,不仅表现在庭审语言的规范性上,而且还表现在讲述内容的方式和方法上,表现在如何平等地向诉讼双方传递法律公平与正义的价值因素上。

第三节　我国行政法律立法语言表述
存在的若干问题探析

全面推进依法治国是国家治理现代化的一场深刻革命,是立法、执法、司法和守法共同推进的综合性系统工程。行政法律作为国家的重要法律,在促进依法行政、建设法治政府等方面取得了开拓性的成就,极大地推进了中国民主政治和行政法治的进程。与此同时,行政法律法规在语言表达中存在的一些问题，也引起人们的关注和重视。

我国的行政法律体系主要包括行政组织法、行政行为法和行政救济法。本书所称的行政法律主要包括行政行为法中的《中华人民共和国行政许可法》（以下简称《行政许可法》）、《中华人民共和国行政处罚法》（以下简称《行政处罚法》）、《中华人民共和国行政强制法》（以下简称《行政强制法》）以及行政救济法中的《中华人民共和国行政诉讼法》（以下简称《行政诉讼法》）、《中华人民共和国行政复议法》（以下简称《行政复议法》）和《中华人民共和国国家赔偿法》（以下简称《国家赔偿法》）。笔者将从统一性、逻辑性、确定性、操作性四方面对我国行政法律立法语言表述存在的主要问题进行探析，并提出相应的修改建议。

一、有些用语表述不统一

作为同一行政法律体系的各部行政法规，对立法语言表述的标准和要求，应该是一致的，以示严谨、科学。目前行政法律立法语言表述存在的问题如下。

（一）对同一问题的表述，不同法律用语不统一

1. 对立法目的的表述

我国行政法律的第一条往往是明示立法目的与立法依据，其结构通常为"为了……根据宪法，制定本法"。如 1996 年颁布的《行政处罚法》、2004 年颁布的《行政许可法》与 2011 年颁布的《行政强制法》，大多采用"为了……根据宪法，制定本法"的结构来明示立法目的与立法依据。但 2010 年颁布的《国家赔偿法》采用的"为……根据宪法、制定本法"的结构。1989 年颁布的《行政诉讼法》采用了"为……根据宪法制定本法"的结构。

建议统一表述为"为了……根据宪法，制定本法"。因为大多数行政立法的表述均采用此格式，且该表述也符合人们的表达习惯。

2. 对行政相对人的表述

行政相对人是在具体的行政法律关系中与行政主体相对应的另一方当事人，即处于被管理地位的组织和个人，在我国行政法律中通常表述为"公民、法人和其他组织"。但也有的行政法律把行政相对人表述为"公民、法人或者其他组织"，还有的行政法律在同一部法律中混合使用"公民、法人和其他组织"与"公民、法人或者其他组织"两种表述。如 2010 年颁布的《国家赔偿法》全文采用"公民、法人和其他组织"表述。1996 年颁布的《行政处罚法》采用"公民、法人或者其他组织"表述。1989 年颁布的《行政诉讼法》除第一条与第十一条采用"公民、法人和其他组织"表述之外，其他条文均采用"公民、法人或者其他组织"。1999 年颁布的《行政复议法》、2004 年颁布的《行政许可法》与 2011 年颁布的《行政强制法》除第一条采用"公民、法人和其他组织"表述之外，其他条文均采用"公民、法人或者其他组织"表述。

建议统一表述为"公民、法人和其他组织"。因为法律要强调的是行政相对人作为"公民、法人和其他组织"这一整体，而非"公民、法人和其他组织"中的一个或几个。

3. 对法律施行时间的表述

法律的施行时间通常表述为"本法自×年×月×日起施行"，现除《行政诉讼法》采用汉字数字表述外，其余行政法律均采用阿拉伯数字表述。

建议统一表述为"本法自×年×月×日起施行"。

4. 对听证举行的表述

《行政处罚法》第六十三条（三）"除涉及国家秘密、商业秘密或者个人隐私依法予以保密外，听证公开举行"；

《行政许可法》第四十八条（二）"听证应当公开举行"。

建议统一表述为"听证应当公开举行"，这里的"应当"为"必须"，强调听证行为的必要性。

5. 对同一语义同时存在几种表述方法

《国家赔偿法》文中"违法""非法""错误"交替使用，界限不清，如"违法拘留或者违法采取限制公民人身自由的行政强制措施的""非法拘禁或者以其他方法非法剥夺公民人身自由的""对没有犯罪事实或者没有事实证明有犯罪重大嫌疑的人错误拘留的"等，同时存在几种表述方法，易产生语言矛盾冲突。

（二）对同一问题的表述，同一法律表述不统一

1. 同一法律的不同条文对同一问题的表述用语不统一

（1）用语随意增减"应当"

《行政处罚法》第三十条："不满十四周岁的未成年人有违法行为的，不予行政处罚，责令监护人加以管教；……"

第三十一条："精神病人、智力残疾人在不能辨认或者不能控制自己行为时有违法行为的，不予行政处罚，但应当责令其监护人严加看管和治疗。"——这里的前后两条法条出现了两种结构："……有违法行为的，不予行政处罚，责令监护人加以管教"与"……有违法行为的，不予行政处罚，但应当责令其监护人严加看管和治疗"。

建议第二十六条表述为："……有违法行为的，不予行政处罚，责令监护人严加看管和治疗。"

（2）随意增减主语"任何行政机关或者个人"

《行政强制法》第四十九条："划拨的存款、汇款以及拍卖和依法处理所得的款项应当上缴国库或者划入财政专户。任何行政机关或者个

人不得以任何形式截留、私分或者变相私分。"

第六十条第四款:"划拨的存款、汇款以及拍卖和依法处理所得的款项应当上缴国库或者划入财政专户,不得以任何形式截留、私分或者变相私分。"

建议统一为"不得以任何形式截留、私分或者变相私分"。因为"任何行政机关或者个人"不足以表示所有的主体,除了行政机关和个人外,还有非行政机关的法人和其他组织。而且"不得以任何形式截留、私分或者变相私分"是一个全称命题,主语可以省略。

(3)随意增减状语"依法"二字

《行政处罚法》第三十五条:"违法行为构成犯罪,人民法院判处拘役或者有期徒刑时,行政机关已经给予当事人行政拘留的,应当依法折抵相应刑期。"

"违法行为构成犯罪,人民法院判处罚金时,行政机关已经给予当事人罚款的,应当折抵相应罚金。"

同一条文中出现了两种结构:"违法行为构成犯罪,人民法院判处……时,行政机关已经给予当事人……的,应当依法折抵相应……"与"违法行为构成犯罪,人民法院判处……时,行政机关已经给予当事人……的,应当折抵相应……"

第一款"应当依法折抵",第二款省略了"依法",成了"应当折抵",让人感觉第二款的折抵比第一款的折抵要随意一些,尽管事实上"应当折抵"也要求"应当依法折抵"。

建议统一为"应当依法折抵"。

2. 同一法律的同一条文，对同一问题的表述不统一

《行政处罚法》第七十一条："执法人员当场收缴的罚款，应当自收缴罚款之日起二日内，交至行政机关；在水上当场收缴的罚款，应当自抵岸之日起二日内交至行政机关；行政机关应当在二日内将罚款缴付指定的银行。"

同一条文中出现了两种不同的表述结构："应当自……之日起二日内，交至行政机关"与"应当自……之日起二日内交至行政机关"。建议统一为："应当自……之日起二日内交至行政机关。"

二、有些结构逻辑混乱

（一）结构关系混乱

《行政处罚法》第二十一条："受委托组织必须符合以下条件：

（一）依法成立并具有管理公共事务的事业组织；

（二）有熟悉有关法律、法规、规章和业务并取得行政执法资格的工作人员；

（三）需要进行技术检查或者技术鉴定的，应当有条件组织进行相应的技术检查或者技术鉴定。"

"受委托组织必须符合以下条件"，这是一个省略了量项"所有"的全称肯定命题，意味着"所有的受委托组织必须符合以下条件"，但第三项中的条件，仅是部分受委托组织必须符合的条件，即"需要进行技术检查或者技术鉴定的受委托组织，应当有条件组织进行相应的技术检查或者技术鉴定"。这两项同时作为受委托条件易产生矛盾。

建议把该条款的第二项与第三项合并为一项。

（二）结构顺序混乱

《行政强制法》第六章是关于"法律责任"的规定，其中第六十一条至第六十四条是关于行政机关的法律责任，第六十五条至第六十六条是关于金融机构的法律责任，第六十七条是关于人民法院的法律责任。

人民法院与行政机关同为行政强制的执行机关，而金融机构为行政强制的协助执行机关。在法律责任的规定上，应依次规定行政机关的法律责任、人民法院的法律责任、金融机构的法律责任，这样在逻辑层次上更为清晰、准确一些。

三、有些地方语言表述不精确，易歧义

（一）关于误工赔偿金最高额的表述

《国家赔偿法》第三十四条："侵犯公民生命健康权的，赔偿金按照下列规定计算：

（一）造成身体伤害的，应当支付医疗费、护理费，以及赔偿因误工减少的收入。减少的收入每日的赔偿金按照国家上年度职工日平均工资计算，最高额为国家上年度职工年平均工资的五倍；……"其中"减少的收入每日的赔偿金按照国家上年度职工日平均工资计算，最高额为国家上年度职工年平均工资的五倍"，该表述容易让人误读为误工减少的收入"每日的赔偿金按照国家上年度职工日平均工资计算，每日的赔偿金最高额为国家上年度职工年平均工资的五倍。"

建议修改为："减少的收入每日的赔偿金按照国家上年度职工日平均工资计算，误工赔偿金最高额为国家上年度职工年平均工资的五倍。"

（二）关于交付冻结通知书的表述

《行政强制法》第三十条与第三十一条规定了行政机关决定实施冻

结存款、汇款的，行政机关应向金融机构及当事人"交付"冻结通知书。

第三十条："行政机关依照法律规定决定实施冻结存款、汇款的，应当履行本法第十八条第一项、第二项、第三项、第七项规定的程序，并向金融机构交付冻结通知书。……"

第三十一条："依照法律规定冻结存款、汇款的，作出决定的行政机关应当在三日内向当事人交付冻结决定书。冻结决定书应当载明下列事项：……"

此处"交付"的表述欠妥当，理由：

（一）"交付"是动产物权变动的公示方式而非文件的送达方式。因为动产种类繁多，数量巨大，变动频繁，不适宜采用登记方式。如我国民法典规定动产物权的公示原则是交付，《中华人民共和国民法典》第二百二十四条规定："动产物权的设立和转让，自交付时发生效力，但是法律另有规定的除外。"

（二）对通知书这类的文件，其他相关法律通常使用"发出""出具""送达""书面通知"等表述。

如《民事诉讼法》用"发出"，第二百四十九条："被执行人未按执行通知履行法律文书确定的义务，人民法院有权向有关单位查询被执行人的存款、债券、股票、基金份额等财产情况。……人民法院决定扣押、冻结、划拨、变价财产，应当作出裁定，并发出协助执行通知书，有关单位必须办理。"

如《行政强制法》用"书面通知"，第四十七条："划拨存款、汇款应当由法律规定的行政机关决定，并书面通知金融机构。金融机构接到行政机关依法作出划拨存款、汇款的决定后，应当立即划拨。……"

如法发〔2000〕21号司法解释用"出具"与"送达"。《最高人民法院、中国人民银行关于依法规范人民法院执行和金融机构协助执行的通知》第一条规定："人民法院对查询到的被执行人在金融机构的存款，需要冻结的，执行人员应当出示本人工作证和执行公务证，并出具法院冻结裁定书和协助冻结存款通知书。"第二条规定："人民法院要求金融机构协助冻结、扣划被执行人的存款时，冻结、扣划裁定和协助执行通知书适用留置送达的规定。"

四、有些地方用语模糊，可操作性不强

《行政强制法》第十九条是关于当场实施行政强制措施的规定："情况紧急，需要当场实施行政强制措施的，行政执法人员应当在二十四小时内向行政机关负责人报告，并补办批准手续。行政机关负责人认为不应当采取行政强制措施的，应当立即解除。"

《行政强制法》第二十条是关于实施限制公民人身自由的行政强制措施的规定："依照法律规定实施限制公民人身自由的行政强制措施，除应当履行本法第十八条规定的程序外，还应当遵守下列规定：

（一）……

（二）在紧急情况下当场实施行政强制措施的，在返回行政机关后，立即向行政机关负责人报告并补办批准手续；

（三）……"

从上文两条法规的规定中可看到，依照第十九条的规定，紧急情况当场实施行政强制措施的，事后的报告并补办批准手续有严格的时间限制，即24小时内完成，而且行政机关负责人还有权在其认为不应当采取行政强制措施时立即解除。但在第二十条的规定中，对于紧急情况当场实施限制公民人身自由行政强制措施的，事后的报告并补办批准手续却没有严格的时间限制，即"在返回行政机关后"在时间上不具有明确性，司法实践中难以操作。而且行政机关负责人在其认为不应当采取

行政强制措施时，该项规定也并未赋予立即解除权。

因为公民人身自由的行政强制措施是行政强制措施中较为严厉的一种，实施时要慎之又慎。因此，建议将两条法规的表述保持一致，将第二十条规定修改为"在紧急情况下当场实施行政强制措施的，行政执法人员应当在二十四小时内向行政机关负责人报告，并补办批准手续。行政机关负责人认为不应当采取行政强制措施的，应当立即解除"。

五、结语

法律是通过语言表达的。"法的优劣直接取决于表达并传播法的语言的优劣。"① 在现代法治社会，法律语言已成为法制和法律文化成熟的象征。立法语言的规范与否，表达水平的高低优劣，将直接影响着法律的表述，直接关涉法律的严肃性和权威性、关涉立法意图的准确传达和社会公众对它的正确理解，进而关涉法律的有效实施。② 行政法律直接涉及国家权力的确定和行使，我国行政法律法规在语言文字方面存在的一些瑕疵和不足，将影响法律的权威性和正确适用。立法部门应该严格按照"行政法规应当备而不繁，逻辑严密，条文明确、具体，用语准确、简洁，具有可操作性"③ 的要求，对其加以认真的规范和完善。

科学立法、严格执法、公正司法、全民守法是依法治国在中国发展阶段的必然要求。科学立法是法治之始，良法之基。因此，提高行政立法的科学性，进一步规范和完善行政法律的立法语言，让法律条文的语言更加准确、严密、操作性强，将更有利于传达和彰显现代法理精神，使行政法律对现代法治国家的建设发挥更重要、更积极的作用。

---

① ［德］伯恩·魏德士. 法理学［M］. 丁晓春，吴越，译. 北京：法律出版社，2003.

② 鄢明定. 几个立法语言问题的商讨［J］. 山东社会科学，2011（5）.

③ 国务院. 行政法规制定程序条例. 2001 年 11 月 16 日中华人民共和国国务院令第 321 号公布.

后 记

　　40多年的改革开放，是中国社会又一次最为伟大而艰巨的转型。法治是社会进步、社会文明的一项重要标志，是一种理想的政治法律制度模式。解决中国社会转型问题的根本出路是推进法治建设，这已是不争的共识。今天，在法治建设新的历史起点上，对比西方法治之路，结合中国历史经验和教训，深层思考法治究竟是为了什么，是每一位法学理论工作者孜孜以求的课题。

　　本书将本人近年来对法治、对法律文化、对法律语言等问题的断续思考，分"法治篇""法律文化与建设篇""法律语言篇"三部分进行表述。

　　"法治篇"首先以"法治在何处"来思考中国转型中的法治建设，现代西方法治之启示，论述法律权威、法的价值追求，社会法治信仰的培植与普及对法治的意义，探讨法治的必然、实然与应然的相互关系，揭示现代社会法治与德治的辩证关系，力求实现法治和德治的现实统一。以先秦儒家"为政在人"并非"人治"为题，对先秦儒家的法律思想进行考证；同时，试图在法学理论的新视野之下，将法律思想、原则与当代法治实践相结合，通过依法治国进程中的法治信仰的思考，从执法者的法律素质、公民的法律信仰和法治的关系方面，探索现代法治信仰的培植路径，以求这些思考能助推新时代法治理论的学理与实践的研究。

中华法制文明源远流长，中国传统法律文化有自身独特的法律精神品格和制度特征，其内在精神和价值取向在世界上独树一帜。"法律文化与建设篇"致力于探索中国传统法律文化的现实价值，找寻传统法律文化对中国法治化的积极合理的因素，探讨如何将传统法律文化与现代法律文化实现科学合理的承接，从而为中国现代法律文化的建设探索新途径。

人类社会既有法律，就有负载法律的语言。语言与法律密不可分。"法律语言篇"通过语言与法律的相互作用及影响，探讨法律语言的特性，对法律语言准确性与模糊性进行深刻的思辨；探寻法律语言实现法律确定性之途径、法官的庭审语言对消除模糊性的影响。其中司法语境下法官的语言表达方式、司法文书中叙述语言的特点以及我国行政法律立法语言表述存在的若干问题，是对法律语言实践性的新范式的讨论。法律语言"专业化"与"大众化"的融合思考，则致力于探讨在全面推进依法治国的新形势下，法官尤其是基层法官该如何将专业化、精细化的法言法语与普通民众顺利对接的问题。法律语言的"入乡随俗"，司法语言专业化与大众化的融合，是在中国特定的语境下，化解在我国法治化进程中司法语言专业化与大众化矛盾的一种有益尝试。这些都是对中国法律语言实践理性的一种探索。

一路走来，不免磕磕碰碰。所幸一路有"贵人"相助。从内心感恩广西民族大学的李建光教授一直以来的鼎力支持和共同研讨。本书中的"法治在何处——中国社会转型中的法治建设思考""法治与德治的现实统一"这两部分内容是我们共同研讨的成果。

学术不精，难免有疏漏不当之处，诚惶诚恐，敬请方家赐教指正。本书得以完成，有幸得到玉林师范学院副校长王志明教授、南宁师范大学宾恩海教授的鼓励和指导；有幸得到广西民族大学教授翟鹏玉博士的指导和点拨，翟教授还在百忙之中为我书写序——感恩，感谢！

　　值此机会，向所有关心和帮助我的领导、朋友和同事致以诚挚的谢意！

莫敏

2022 年 3 月